だいじょうぶ！

# 気づいた時が出発点

東京家庭教育研究所 編

親子が笑顔になる
子育て

【はじめに】

# 子どもに学ぶ家庭教育

先日、雨上がりの町を歩いていた時のことです。

道の向こうから、五歳くらいの男の子が閉じた傘を振りあげて元気に走ってくるのが目にとまりました。その後ろを、お母さんが追いかけてきます。

「こら！　傘を振り回しちゃダメ！　あっ、道に飛び出さないで！」

久しぶりの晴れ間にうれしさを抑えられないのでしょう。男の子はお母さんの声など耳に入らないふうで、水たまりにバシャンと飛び込みました。

こうした光景は、子育て中には日常のこと。こんな時、母親なら、つい小言の一つも言いたくなるところです。

私たち東京家庭教育研究所では、一年をとおして講座や講演会などで、多くのお母さん方にお会いします。そうした場で、私たちが一貫して伝え続けているテーマは「子どもに学ぶ」ということです。

「教え育てる立場の親が、子どもに学ぶ？　それって反対じゃないの……？」

そう思われるかもしれません。知識も体験も少ない子どもに、親が何を学ぶのか――。それには、まず子ども自身についてよく知ることが大切です。

子どもが困った行動をしている時には、必ずその子なりの理由があるはずです。また、その年代なりの成長の表れという場合もあります。そうしたことを、子どもの心に寄り添って理解することが「子どもの心に学ぶ」ということです。それは、親の望みや価値観の枠に入れず、子どもの今のありのままを受けとめるということです。

親はつい、足りないところばかりに目がいきがちです。おとなしい子には「活発になってほしい」と願い、やんちゃな子には「落ち着いてほしい」と願い、主張が強い子には「人と折り合ってほしい」と思うもの。でも、視点を変えれば、おとなしい子は思慮深さを、やんちゃな子は積極性を、がんこな子は自分で考える力を持っているともいえるのです。

「将来、苦労させたくない」という親心もわかります。けれど、子どもが成長するのに必要なのは、そうした親の心配や価値観よりも、「あなたはあなた自身のままでいい」というメッセージです。それは、人が生きるために欠かせないエネルギーです。大好きなお母さんからそのメッセージを贈られたなら、子どもはどれほどの喜びに満たされることでしょう。

親は、子どもよりも多くの知識と体験という器を持ち合わせています。その大きな器で、子どもの心をしっかりと受けとめてあげてください。「そんなことしちゃダメ！」「こうしなさい」という決まり文句で子どもの心にふたをするのはもったいないことです。どんな料理も、器ではなく、そこに盛られた料理そのものが主役。大きな愛の器で心を受けとめてもらえた子どもは、安心を得て自ら輝きだし、自分なりの持ち味を存分に発揮することでしょう。ですから、親は子ども自身の伸びる力を信じて、認めて、引き出してゆきましょう。

もう一つ、「子どもに学ぶ」という理念にこめられた大切な意味があります。それは、子育てをとおして、親自身が人間として、一回りもふた回りも大きく成長させてもらえる、ということです。

子どもは成長の過程でいろいろな選択をし、時に失敗したり心に傷を負ったりします。親は子どもの言動にハラハラし、自分が代わって痛みを背負ってやれたらと、切ない涙を流すこともあるでしょう。しかし、わが子とはいえ、親とは違う個性を持つ一人の人間です。時に応じて諭し、教え導くことも大切ですが、究極的には、子ども自身の選択を信じて、祈って、見守るしかできません。しかし、その時、親は自身の人生に起こり来る悩みや苦しみ――生きている以上は避けられない老いや永別の苦しみにも、心静かに向き合い、受けとめる心の強さを育てもらっているのです。

本書では、東京家庭教育研究所が四十年近くにわたって活動をしてきたなかから、主に小学校高学年くらいまでの子どもを育てているお母さんを対象に、子どもの発達や心理のポイントと、ふれあいのヒントをまとめています。この時期の家庭でのふれあいが、豊かな情緒を育て、社会性を身につける、つまり人生を生きる基盤となるからです。

そのうえで、最後に中学生・高校生期の子どもとの接し方にもふれました。思春期という、急激に成長し心身ともに不安定なこの時期に備えて、中高生の子どもの心理を理解しておいていただきたいと考えたからです。

同時に、本書は中高生の子どものお母さん方にもじゅうぶん役立てていただける内容です。子どもは、生まれてすぐに中学生や高校生になったわけではありません。そして、思春期の子どもに問題が起きた場合、たいていはそれまでの成長の過程で、親子の心のすれ違いが起きていることが多いものです。ですから、生まれてから思春期に至るまでの子どもの心理・発達をきちんと理解し、これまでの親子関係を振り返ってみると、そこに必ずヒントが見つかるものです。

思春期の子どもの問題は、心の危機を知らせるSOSサイン。そのサインに気づいたなら、その時から親子で力を合わせてその問題に取り組めばいいのです。そう、子育てには手遅れはありません。本書のタイトルである『だいじょうぶ！　気づいた時が出発点』という言葉は、そうした意味をこめてつけさせていただきました。

子育ての最終着地点は、親離れ・子離れです。いずれ手を離す日のために、今、精一杯の愛をこめてわが子を抱きしめ、愛を伝えましょう。この切なくも尊い営みが親の心に残してくれる宝物を、日々、感謝と笑顔で受けとめましょう。その思いはきっと、わが子の心に終生消えない安らぎとなって刻まれ、生涯、彼らの人生を支え続けるはずです。

本書の原稿執筆にあたっては、当研究所の初代所長・小林謙策の著作集や講演録をひもとき、その「こころ」を現代のお母さん方にも共感しやすい形でお伝えするよう心がけました。そのための工夫として、毎日を忙しく過ごしているお母さん方にも読みやすいように、イラストやマンガで大切なポイントをまとめました。今回イラストやマンガを手がけてくださった山本育代さんは、かつて当研究所の研修を受けてくださった経験がある方です。当研究所の教育理念を深く理解してくださり、親子の表情を、とても豊かに、いきいきと表現してくださいました。深いご縁を感じるとともに、山本さんに心からの感謝を表します。また、本書の発刊に至るまで私たち所員の心に寄り添い、編集作業に尽力してくださった佼成出版社の村上量子さんにも心からお礼を申し上げます。

初代所長・小林謙策のお心が一人でも多くのお母さんに届き、子どものいのちを輝かせるお手伝いができるならば、これ以上の喜びはありません。

平成二十四年五月

東京家庭教育研究所所長　**丸山貴代**

# 目次

本文イラスト・マンガ 山本育代

# 家庭教育のこころ

## ——東京家庭教育研究所初代所長・小林謙策の原点

子どもの心の健やかな育ちのために生涯を捧げた東京家庭教育研究所の初代所長・小林謙策（平成元年五月逝去）が、娘の紀子さんへの思いをつづった「娘の霊に捧ぐ」というこの文章は、当研究所設立の原点ともいえるものです。

※

### 「娘の霊に捧ぐ」

わたしが、家庭における子どもの教育がいかにたいせつであるかを、身にしみて感じたのは、昭和三十年六月に、ただひとりの娘に突然自殺されたときからです。

当時、わたしは、長野市浅川中学校の校長をしておりました。人さまのたいせつな子どもをおあずかりして、教育しなければならない立場のものが、自分の娘の教育さえ満足にできなかったのはなぜだったのか、十九年間の娘に対する教育のどこが間違っていたのだろうか。何はなくとも、平和で楽しかったはずのわが家に、突然おそった悲しみ、苦しみが、きびしくわたしを反省させたのです。

わたしは、家庭における子どもの育て方に、大変な間違いをおかしておりました。生来わたしは、勝ち気で、負けることが大きらいな性分でしたから、娘に対しても、小さいときから、「えらくなれ」といって育ててきました。大きくなるとさらにそのうえに「人よりえらくなれ」という意味さえつけ加えておりました。

娘は小学校、中学校、高等学校までは、だいたい自分の思い通りに伸びてゆきましたが、東京の大学に行ってからは、そうはゆきませんでした。あらゆる努力をしてみても、自分より優れているものが、幾多あることを知ったとき、もはや、わが人生はこれまでであると、生きるのぞみを失い、新宿発小田原行の急行電車に投身自殺をしてしまったのです。

娘が母親に残した最後の手紙には、「両親の期待にそうことができなくなりました。人生を逃避することは卑怯ですが、いまのわたしには、これよりほかに道はありません」と書かれ、さらにつづけて、「お母さんほんとうにお世話さまでした。いまわたしはお母さんに一日会いたい。会ってお母さんの胸に飛びつきたい。お母さんさようなら」と書いてありました。

それを読んだ妻は、気も狂わんばかりに、子どもの名前を呼び続け、たとえ一時間でもよい、この手で看病してやりたかった――と泣きわめくのでした。

この姿の中には、子どもと母親の心の結びつきの深さ、親子の真の人間性の赤裸々な姿を見ることができました。

考えてみれば、子どもは、順調に成長してゆけば、だれでも「えらくなりたい」と思うものなのです。這えば立ちたくなり、立てば歩きたくなり、歩けば飛びたくなる。これが子どもの自然な姿です。心ない草木でさえも、常に伸びよう伸びようとしているように、子どもは無限の可能性をもって、伸びよう伸びようとしているのです。それなのに、わたしはおろかにも、娘に向かって、「人よりえらくなれ」といいつづけてきたのです。「自分の最善をつくしなさい」だけで、娘は十分伸びることができたはずです。

わたしは、娘の死によって、家庭教育の重要性を痛感いたしました。そしてひたすらに、子どもとはどういうものか、親はどうあらねばならないかを探求しつづけてきました。

親は子どもの伸びる力を信じて、認めて、引き出してやるたいせつな役割をもっているのです。ことに母親と子どもとの魂と魂のふれ合いの中から、ほんとうに情操ゆたかな子どもの人間性が育ってゆくのだと気づきました。

わたしの、悲しい経験から生まれた、この家庭教育講演会をお聞きになって、ひとりでも多くの子どもさん、お母さんが、幸せになってくださったら、その姿の中に、わたしの娘は永遠に生きつづけることができるのだと信じて、そこにわたしの生きがいを感じることができるのです。命あるかぎり、わたしは、この問題と取り組んでまいります。

昭和四十六年九月

小林謙策

# 1

# 人間らしい子どもを育てるために
## ――「知」「情」「意」の心の働きを知る

# ★心の三つの働きを知る

人の精神的能力には、三つの面があります。

人間らしい人間として、将来、社会に役立つために必要な知識を蓄えようとする、「知」の働き。

喜び、悲しみ、切なさ、思いやりといった、人間らしい感情をわき出させ、人や物、自然にも心を寄せて人生を豊かにする「情」の働き。

そして、自らの行動を律し、ひいては自分の置かれている環境で「人の役に立とう」という意欲となる「意」の働きです。

この三つの能力のバランスが取れた「豊かな人格」が育まれることで、人は社会の中で他者とのより良い関係を築きつつ、自立して生きていくことができるようになります。つまり、社会の中で自らを生かしつつ、他者をも生かすことのできる、人間らしい人間として社会で活躍することができるのです。

では、まずはこの三つの心の働きについて、もう少し詳しく述べてみましょう。

## ★「知」――「知りたい！」という気持ち

子どもが三歳くらいになると、「あれなあに？」「どうしてこうなるの？」とたずねるようになります。質問ぜめで用事ができない、ということもしばしばでしょう。

幼い子どもの心には、「珍しいものを無上に喜ぶ」という特徴があります。忙しいお母さんとしては、「めんどうくさい……」と言いたくなることでしょう。けれど、子どもには、目に映るものすべてが輝いて見えています。お母さんは、その気持ちに共感しながら、子どもの問いに、できるだけ応えてあげましょう。お母さんも、子どもの「どうして？」という目線の先に、思わぬ新発見があるかもしれません。

**ポイント**

幼児期の子どもは、何もかも珍しく不思議に思う。質問ぜめに合うと大変だが、できるだけ「知りたい！」という気持ちに共感して応えよう。

ねえねえ
おかあさん！
どうしてセッケンはアワアワになるの？
えーっと
ちょっとまっててね
どうしてタマネギはおしりがモジャモジャしてるの？
う〜〜ん
おかあさん！
あのね！
ねえ
どうして？
Help Me!
いろんなことに気がついてすごいね！
大きくなったら勉強してもっとたくさん教えてね

さらに子どもが成長すると、世の中の仕組みや自然界の不思議、また「何が正しく、何が正しくないか」「人の（社会の）理想的な姿とは何か」など、年齢に応じてより複雑なことを「知りたい」という欲求がわきます。その気持ちは、「より広く深い世界に出会いたい」「世の中に出ていく準備がしたい」という自立の気持ちの表れともいえます。

時には簡単に答えにくい質問をされることもあるでしょう。しかし、親がはぐらかさずに真剣に考え、それを良い機会として共に学ぼうとする姿勢を見て、子どもはその姿を自然と真似るようになります。

## ★行動の原動力となる「情」の能力

美しいものを美しいと感じる、傷ついたものを見て胸が痛む、人の笑顔に喜びを覚える……。こうした心の動き、いわゆる感情といわれるものが、心の持つ「情」の働きです。

この人間らしい情感は、子どもにとって一番身近なお母さんとのふれあいによって育まれます。うれしい時には「うれしいわ」「ありがとう」と、やさしくほほえんで子どもに気持ちを伝えたり、道端に咲く一輪の花の美しさに目をとめて「お花がとってもきれいね」と子どもに語りかけたり、傷ついたものを見て「何てかわいそうなんでしょう」と痛む心をそのまま表現するのです。子どもの目に映るお母さんの一つ一つの表情、仕草によって、子どもの心から豊かな情感がどんどん引き出されていくのです。

この情感――「情」の働きは、三つの心の働きのうちで最も重要で、人の心の基盤となるものです。というのも、人が日々行う行動はすべて、感情が出発点となって起きているからです。目の前に並んだごちそうを食べるのも、人と話をするのも、遊ぶのも学ぶのも、すべて心が動いて初めて行動となるのです。つまり、感情は生きる原動力そのものといえます。

ねえ見て！
お花が咲いてるわ
お花さんこんにちはー♪
とってもきれいでかわいいわ
ほんとだ……
すごくきれいだねー
アヤちゃんの心と同じね！
にこっ

ポイント

子どもと同じ目の高さで、お母さんの「感じる心」を言葉にして伝える。すると、子どもの「感じる心」が育つ。

この「情」の能力を育むのが、心が通いあう家庭でのふれあい、つまり家庭教育です。幼いうちから豊かな情感を育まれていれば、人との絆を結ぶ力や、自然や芸術に心が潤う感受性など、人生を豊かにするすばらしい資質が育まれます。

一方で、感情には、物事の判断を誤らせたり、人の心を傷つけたりする一面もあります。ですから、お母さんは「情」の能力が豊かに、そして良い方向に伸びるように心がけてふれあわなければなりません。

この「情」の能力は人の心の根っことも言うべき最も大切なものですから、後に改めて項目を立てて、そこで豊かな情感を育むためのポイントや気をつけたいことについて、さらに詳しくふれることにしましょう。

## ★「意」――「やってみるぞ！」を引き出す

子どもが自分から進んで身の回りのことや勉強などに取り組んだり、人の役に立とうとした時、親はその行動を認める言葉をかけましょう。その時に大切なのは、上手にできたかどうかではなく、自ら進んで取り組んだ点や、あきらめずにがんばった点を認め、ほめることです。すると子どもは「もっとやってみよう！」「またがんばってみよう」という気持ちになり、何に対しても積極的な意欲を持つようになります。

**ポイント**

自分から進んで何かをしたり、がんばって取り組んだりしたことに光を当ててほめる。すると、「またやってみよう」「もっとがんばってみよう」という意欲が育つ。

がんばって描いたね
すっごくステキ！
にこにこ
ホント？じゃあ もっとがんばるね！
ボクも干してあげる
うわぁ助かるわ！
ありがとう！
ゴミも捨ててきてあげるよ！

## ★「手間」ではなく、「時間」をかける

幼児後期から児童期の終わりにかけて、子どもは身の回りのことをほぼ自分でできるようになっていきますが、その際も、あまりせっかちに追い立てないことです。親が先取りして「これはもうやったの？」「あれしなさい」「こうするほうがいい」などと声をかけすぎると、この「意」の能力は育ちません。多少のことなら、子どもができていないことに気づいてもあえて親から口にしないようにしましょう。親は少々おっとりかまえているくらいがいいのです。

その結果、たとえば宿題を忘れて先生に叱られたり、決められたお手伝いをせずに怒られる羽目になったりと、つらい思いをすることもあるかもしれません。しかし、失敗していやな思いをすれば、「次は失敗しないようにしよう」と自ら考えて行動するようになります。この「自ら」という点が、とても大切なのです。

さらに、失敗を自分の力で克服すると「失敗しても、やり直せる」という自信がつきます。その自信もまた、自立に必要な「意」の能力が育つ基盤となります。ですから、親が「失敗しないように」と先回りして手助けしすぎると、自分の力で克服しよう、という意志が育たず、

受け身で人の指示を待つようになりかねません。ですから、親が一声かければすむような場合でも、あえて「手間」でなく「時間」をかける――「必ず自分でできるようになる」と信じて見守る時間が必要なのです。

この時間は親にとっては非常にもどかしいものですが、そのもどかしさが大きいほどに、子どもが自ら克服する姿を見る喜びも、ひとしおです。「待てて良かった……」と感じる機会を重ねるたびに、親の心も子どもの心と共に一回りずつ大きく成長します。家庭教育は、親子の「共育」であり、「響育」なのです。

自分でやる気にならないと意味がない

2

# 心の根っこを強くする

## ――「情」の能力を育む家庭のふれあい

# ★情の能力は、心の根っこ

「知」「情」「意」の心の働きを一本の木にたとえると、成長に必要な水や栄養を吸い上げる根っこは「情」、高く伸びようとする幹は「意」、実りである果実を「知」と表現できます。

もし、わが子を豊かな実りのある大樹に育てようと思ったら、幼いうちから、強く立派な根っこ――「情」の能力をしっかり育てることです。栄養を吸い上げる根っこが太くしっかり張っていなければ、幹は大きく育たないし、豊かな実りも望めません。

学歴社会の現代では、情感を育てるふれあいもそこそこに、早期教育に熱を入れる親も少なくないものです。しかし、根っこのひ弱な木は太い幹もたくさんの果実も支えられませんし、少しの風にもすぐ倒れてしまいます。逆に根がしっかり張っていれば、少々の嵐でも倒れず、病気で幹や枝葉が元気を失っても、水や養分を吸い上げ、また元気な葉を茂らせることができるのです。

では、根っこを太く強く育てる、つまり「情」の能力を育てるには、どうしたらよいのでしょうか。先にも少しふれましたが、そのためには、お母さんが、日々、子どもの情感を引き出すふれあいを心がけることが大切です。

最も「情」の能力が伸びる時期は、幼児期です。何にでも興味を持ち、「どうして?」と問いかけてくるのは、見るもの、聞くものすべてに心が動くからです。その心を受けとめ、「感じる心」を大きく広く育ててあげることが大切です。

幼い子どもに「お月様はなぜついてくるの?」と問われた時、「地球と月の距離が……」と知識や理屈で答えても、心には響きません。それよりも、月の美しさに心を動かされたことに思いを寄せ、喜びやぬくもりを感じる情感に結びつけることが、「感じる心」――「情」の能力を育てるふれあいです。これは心の素直な幼児期にし

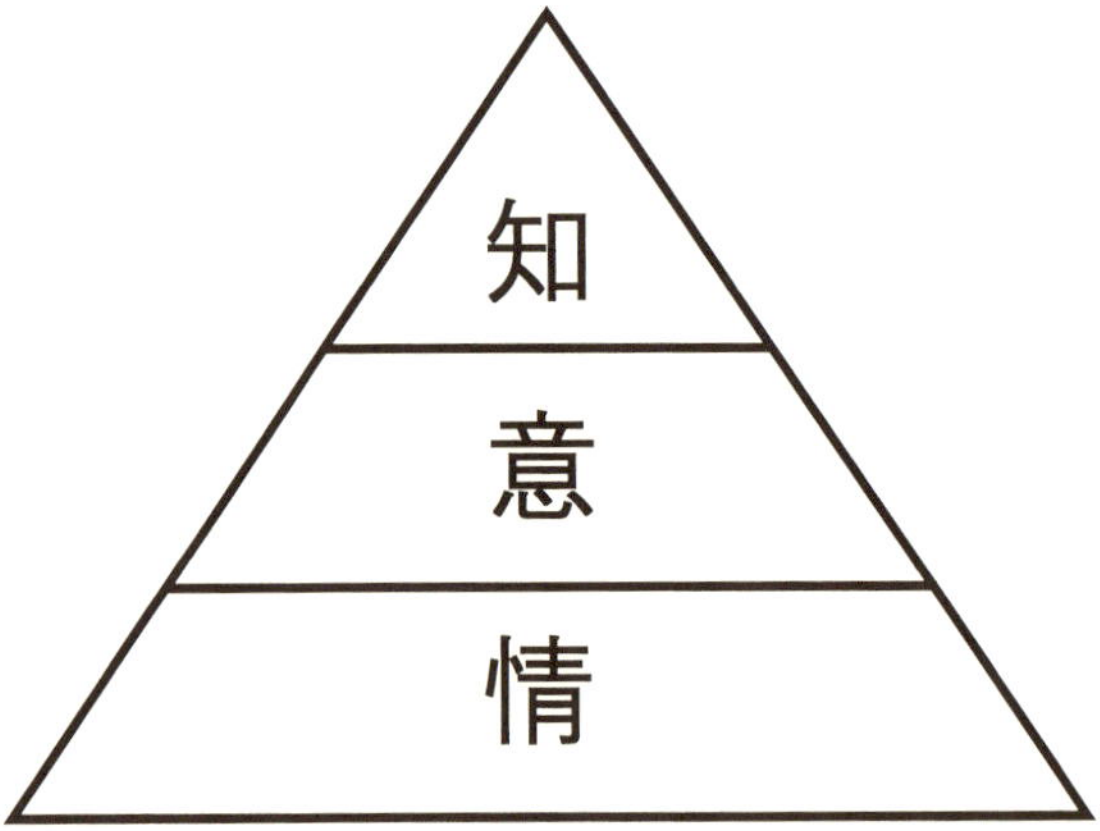


「情」の裾野が広ければ、そこを基盤とする「意」、「知」も広く大きく育つ

ねえ お月さまが ついて くるよ
ほんとね！
どうして ついて くるの？
お月さまは あなたが 大好き だからよ
ほんとー？
うん お母さんと お月さまは 同じね
あなたが 大好きだから いつも一緒に いたいのよ
えへへっ

かできないふれあいです。

こうしたふれあいを積み重ね、「感じる心」の裾野を広げておくと、成長して知識や理屈で物事を理解できる年齢になった時、「意」や「知」の能力も、広く大きく培われるのです。

## ★心は「情→意→知」の相関関係で大きく育つ

成長するにつれて、子どもは学校などの社会に出ていきます。その環境で日々新しいことに挑戦して「意」の能力を育て、多くの知識を学んで「知」の能力を育てます。

たとえば小学校に入学すると、意欲的に授業を聞き、内容を理解する学力が求められます。また、中学生になると、教師から強制されなくても、仲間の一員として進んで委員会や部活動に協力する姿勢も大切になります。こうした意欲や学力は、その年齢や発達に応じて「感じる心」がじゅうぶんに育っていて初めて、生まれてくるものです。

つまり、子どもは「情」を根っことして、自分が置かれた環境で意欲を持って（「意」）、様々なことを知り（「知」）、それらの体験をとおしてさらにより深い情感を育んでいきます。

このように、一定の発達をしなければ感じられない複雑な情感もあります。たとえば、

◆知的感情：将来の希望、未知のものを知った喜びなど、頭の中で考えられた感情
◆道徳的感情：反省や羞恥心、思いやり、人の役に立つ喜びなど人間関係で生まれる感情
◆信頼感情：人と尊敬しあい、信頼しあうことで安心を感じる感情

などです。このように、心は「情→意→知」という相関関係を繰り返して大きく成長します。

大切なのは、「感情はすべて親や友達、先生といった周囲の人とのふれあいによって育つ」ということです。人の思いにふれて感じる心が耕され、豊かな情感が育まれるのです。ここが、「知」の力のように、独りで知識を得ることで伸ばせるものと大きく違う点です。

次に紹介するマンガは、ある小学六年生の男の子の体験をもとにしたものです。児童後期頃からは、友達との連帯感や、親や教師の励ましや期待によって情感が育まれ、意欲が引き出されていく様子が伝わってくるのではないでしょうか。

親はつい「勉強さえしてくれたら……」と思いがちです。しかし、高い教育を受けて経済的に恵まれた生活を送っても、人と思いを通わせたり、季節のうつろいに心を動かすような感性がなければ、人生はなんと味気ないでしょう。真に豊かな人生とは何か――。親はそうしたことを見据え、子どもの心の根っことなる豊かな情感を育てることに心を砕きたいものです。

学芸会の劇は「走れメロス」です
役割を決めます
大道具…
衣装係
人前に出るのは恥ずかしいな
はい!
背景の映像係やります!
本番まであと3日!!

よし！いい出来だぞ！
本番もこの調子で頑張れよ！
はーい
やったぁ！
背景あると迫力出るな！明日も頼むぜ！
ああ任せといて！
ただいま！
真司おかえり
明日楽しみだわ
メロスが走る嵐のシーンすごい迫力なんだ期待してて！

○△小学校
学芸
6年2組の「走れメロス」です
6年生
劇「走れ
みんなすごい気合だぞ もうじき嵐のシーンだ!
!!

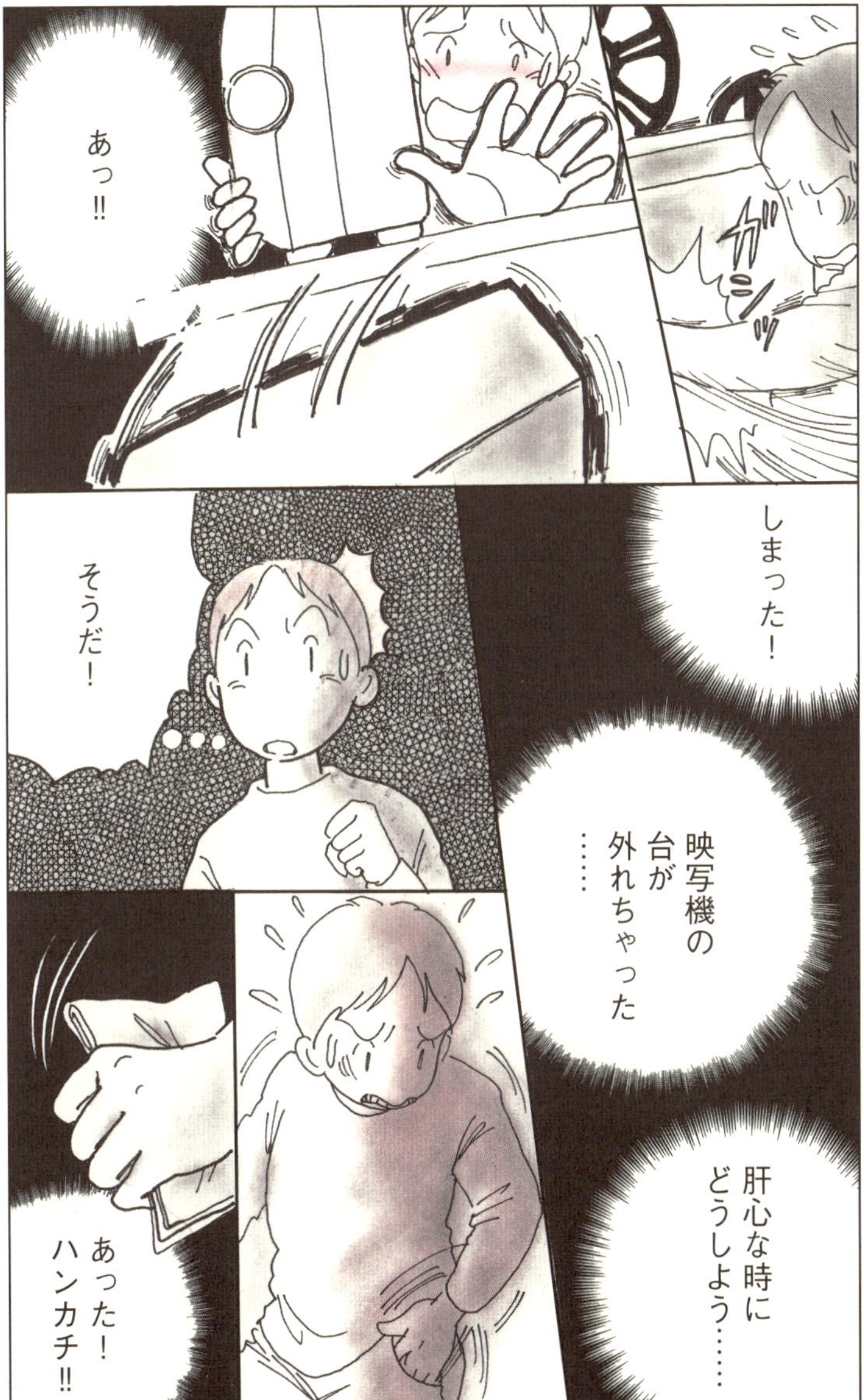
あっ!!
しまった!
映写機の台が外れちゃった……
そうだ!
肝心な時にどうしよう……
あった!ハンカチ!!

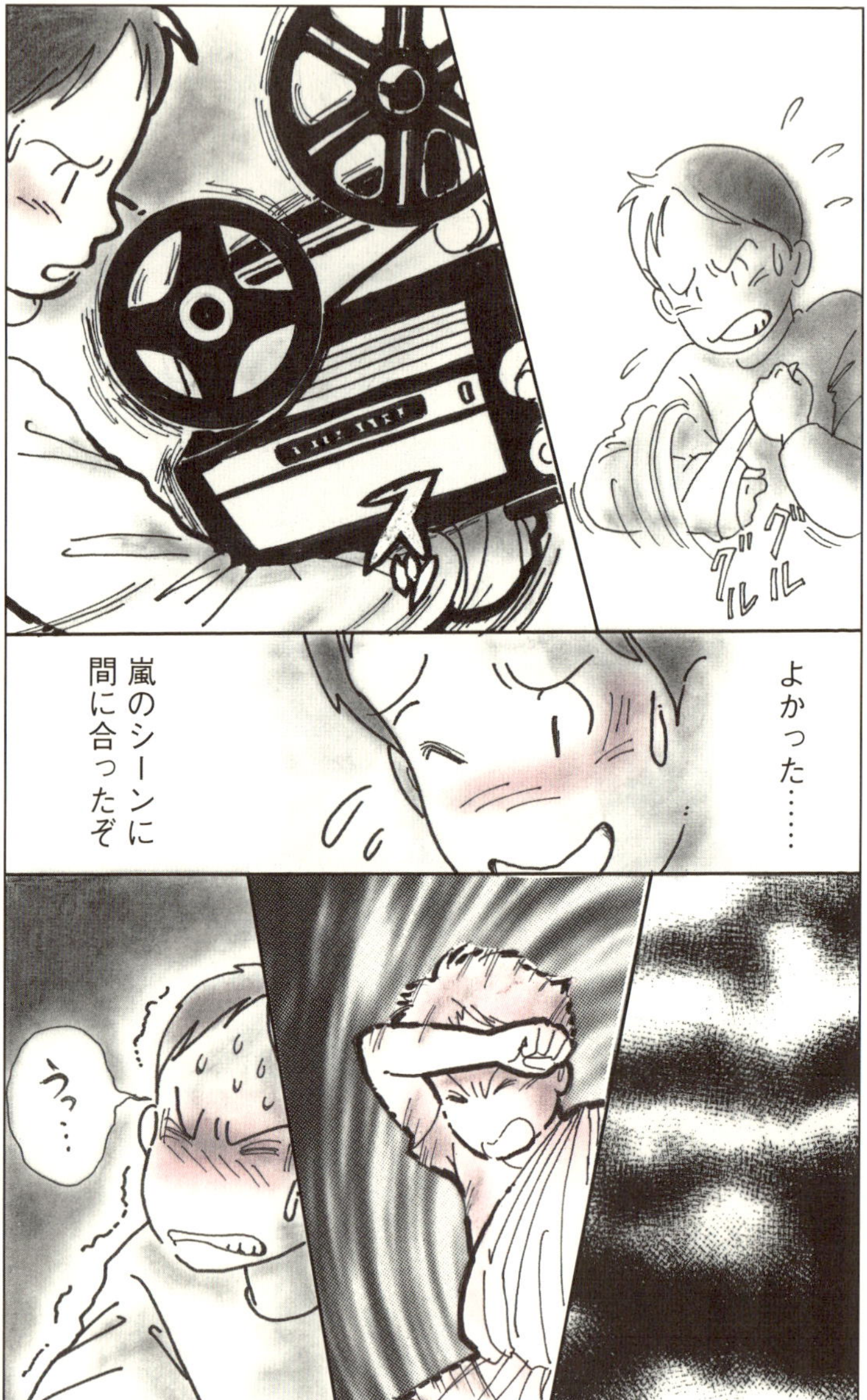
グルグル
よかった……
嵐のシーンに
間に合ったぞ
うっ…

うぅ
重い……
痛くて手が
ちぎれそうだ
でも
ずっと
みんなで
頑張ったんだ
せっかくの劇を
台無しになんか
させない！

わー
パチ
パチ
わー
パチ
パチ
わー
パチ
パチ
パチ
わー
ホッ…
よかった……
無事に終わった……
真司！
あなた手が……

うん でも 大丈夫さ
あははー
こんなに はれて……
痛かった でしょう……
うん 痛くて つらくて 何度も やめたくなった
でも みんなのために やり抜かなきゃって
そう思ったら 頑張れたんだ
つらかったけど 今、ぼくはすごく うれしいんだ！
お母さん あの時、ぼくは メロスと同じ心に なれたんだよ！
うん うん
よかったね 真司……

3

# 子どもを「人間らしい人間」に
# 育てる最初の先生は、お母さん。
# お母さんを「お母さん」に
# 育てる先生は、子ども。

# ★親が良い先生になるために

子どもが基本的な生活習慣や、人との関係づくりの基礎を学ぶ学校は家庭です。つまり、子どもにとって最初の先生は親、特にお母さんの担う役割は大きいものです。

お母さんが、良い先生であるために気をつけたいポイントがいくつかあります。

①一方的な親の都合や期待で「〇〇しなさい」ということばかり言わず、子どもの思いを受けとめながら伝える。

②子どもの性格に合った伝え方をする。

③子どもの年齢に応じた精神の発達段階を知っておく。

要は、まず、子どもをよく知ることです。

子どものことを一番よく知っているのは、子ども自身です。わが子にピッタリのオーダーメイドのお母さんになるには、子どものことは子どもに教えてもらうのが、一番の近道です。

お水をあげましょうたっぷり飲んでね
わーい
うわぁもう水はじゅうぶんだ
ジャバ
ジャバ
このままじゃ根っこが腐っちゃうよ
もっと持ってきたわよ！
るんるん
どんどん飲んでね！
ひえぇ〜
もうカンベンしてぇ〜
あらおかしいわしおれちゃった
なぜ……？
ぐったり。。。
…

## ★「子どもに学ぶ」姿勢とは

子育てにおいては、子どもがお母さんを育ててくれる先生です。自分の価値観はひとまず横に置いて、子どもがどう感じているのか、何をしたいのかをていねいに聞いてみてください。子どもの求めているものを満たしてあげれば、彼らは必ず次のステップに踏み出していきます。

その時に大切なのは、一瞬一瞬に変化をする子どもの心に気づいていく、ということです。大人の心も一瞬一瞬変化をしていますが、周囲の状況に合わせて気持ちを表現できる理性を持っています。子どもはその理性の力がまだじゅうぶんに育っていないため、何にもとらわれずに自分の感情を表に出します。大人には、それが「わがまま」と感じられることもありますが、子どもにとっては、ただその瞬間をいつわりなく全力で生きているというだけなのです。

人はだれでも、「よりよく生きていきたい」という願いを持っています。周囲の人に愛され、自分も愛し、みんなでいきいきと輝いて生きたいという願いです。ありのままの自分を受け入れられて安心感を得た子は、その喜びを必ず周囲の人にも返そうとします。そして、より広い世界へと自ら巣立っていきます。親は、その子どもの力を信じて待ちましょう。

4

# 子どもは親の背中を見て育つ。親が変われば、子どもが変わる

## ★子は親の姿を演ずる名優

子どもの口ぐせを聞きとがめたことのあるお母さんは多いでしょう。しかしよく考えてみると、それはお母さん自身の口ぐせだったりします。「言ったようには育たない。やったように子は育つ」というように、子どもは良きにつけ悪しきにつけ親の姿のまま行動するようになります。親の無意識の習慣を子どもは日々学んで、それを再現しているのです。家庭教育が「教育意識のない教育」であり「生活のなかに生きている教育」と言われるのは、そのためです。

「盗んだ卵をふところにして、人の道を説いてもその教えには、一文の価値もない」と言ったのは、哲学者のエマーソンでした。確かに、いくら子どもに「部屋を片づけなさい」と叱ったところで、お母さん自身が部屋を片づけていなければ、その言葉に説得力はありません。

## ★百の言葉より、一つの実行

孔子の教えから生まれた「庭訓の教え」に、「感化の教育」の本質がよく表れています。

庭を掃《は》きながら
庭の掃き方を教える。
謝りながら
謝り方を教える。
あいさつをしながら
あいさつの仕方を教える。
返事をしながら
返事の仕方を教える。
感謝をしながら
感謝の仕方を教える。

つまり、子どもに部屋を片づけさせたければ、お母さん自身が日頃から片づけをすることです。その姿を見て子どもは片づけ方を学び、さらに、そうじの後に「家がきれいになって気持ちがい

いわ」とお母さんがニコニコすれば、子どもも一緒に「家がきれいになると気持ちがいいね」と喜び、その喜びが子どもの心に刻まれるのです。

## ★親が変われば、子どもが変わる

親は、わが子を自分の思い通りに育てたいと思ってしまうものです。しかし「こうなってほしい」「こう育てたい」という親の思いを一方的に子どもに押しつけても、子どもはしぶしぶ従うだけです。子どもに自ら行動を変えてもらうには、まず親が「子どもは自分の姿を映してくれている」と子どもの姿から学んで反省し、行いを変えようと努力すればよいのです。

親と子は互いを映しあう鏡です。謙虚に子どもに学ぼうとする親の態度は、子どもから学ばれる態度です。親が育てば、子どもも共に育つ――この親子の共育が、子どもに学ぶ家庭教育の理念です。

「この子のために、自分がまず変わらなければ」という親の思いは、必ず子どもに通じます。こうして自分を律し、わが身をもって行動で示すことも、子どもへの大事な愛の形です。

★4

あら起きてたの？
……
何？その態度！
ムカッ
「おはよう」くらいちゃんと言いなさい！
朝っぱらから何キレてんの？
自分だって言わないくせに！
ぼ――っ
ねっパパ！ママも言ってないよね!!
ふぁ～～
うん……そういえば言ってないなあ～
う、うそっ私ったら……

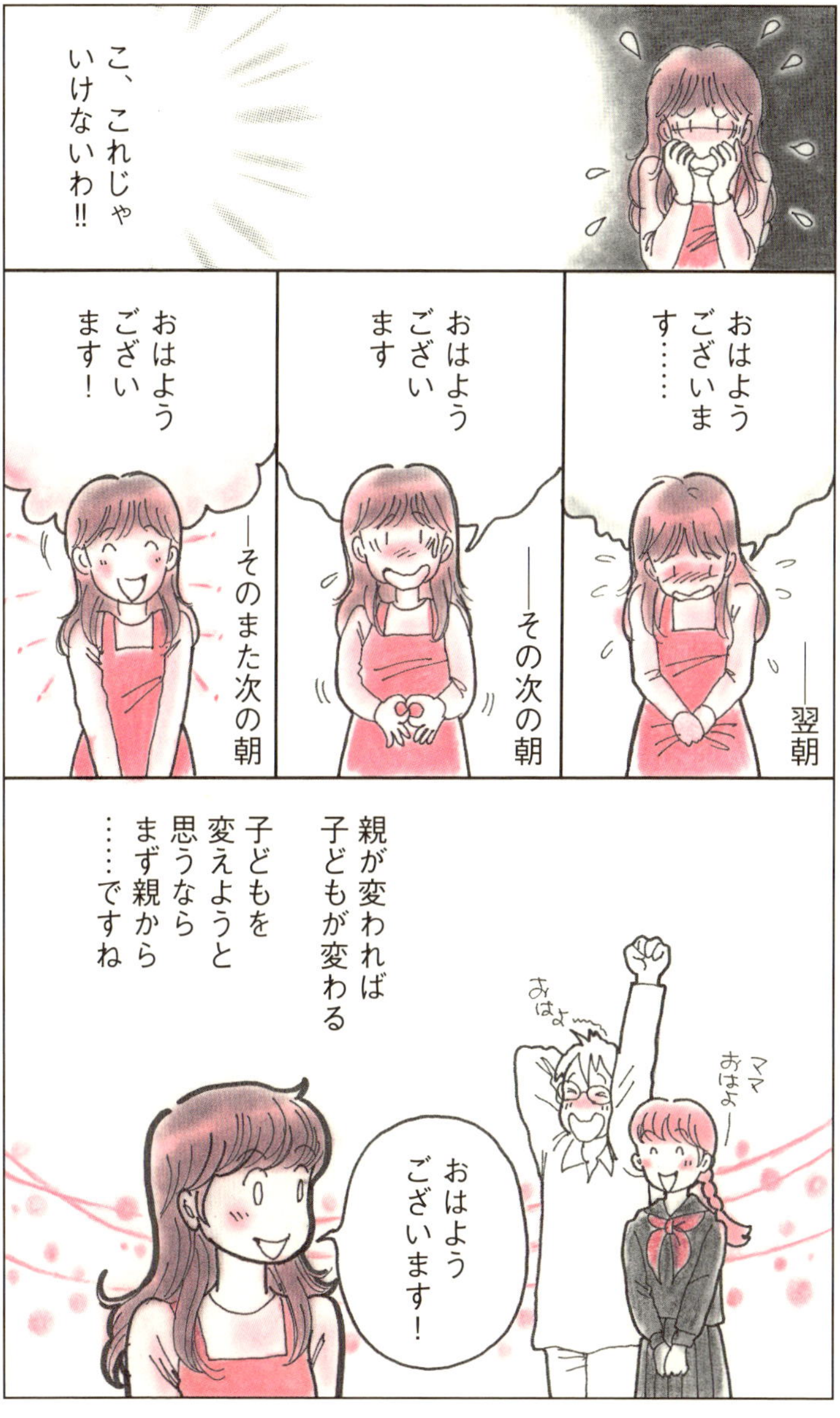
こ、これじゃ
いけないわ!!
——翌朝
おはようございます……
——その次の朝
おはようございます
——そのまた次の朝
おはようございます！
親が変われば子どもが変わる
子どもを変えようと思うならまず親から……ですね
おはよう ございます！
おはよ〜
ママ おはよー

子育てエッセイ①

# 子どもが親を育ててくれる

## 強い母と弱い母

母親が子どもをより良く導くために必要なのは、強さです。もし母親が弱ければ、子ども自身の環境適応能力を伸ばす妨げになるからです。

では、弱い母親とは、具体的にどういうことをさすのでしょうか。

それは、子どもかわいさに、ひたすら保護しようとする母親です。「かわいいこの子に、苦労をさせたくない」と言って、何でも自分が手伝ってしまう、少しでもあぶなそうなことはさせない、欲しがれば何でも与える、といった母親は、子どもが環境に合わせてがまんする力を培ったり、逆境のなかで工夫を生み出したりするチャンスを奪っているといえます。このように、子どもをひたすら保護したくなる気持ちは、子どもが困る姿を見る切なさに耐えられない弱さの表れです。

また、「〇〇してはいけません」「それはやめなさい」という母親は、一見、きびしいように見えるのですが、それは親の価値観を押しつけて子どもの自由な意思を奪い、規制でがんじがらめにしているだけです。これは、子ども自身が自分の力で考え、失敗から学ぶ貴重な機会を取り上げているのと同じことです。

子どもの好き勝手にばかりさせているのも、子どもの意思を尊重しているように見えて、実は、「拗《す》ねると面倒だ」という親の都合を優先させ、子どもの感情にじっくりとつきあうことを避けるという忍耐力の弱さです。

一方、強い母親とはどういうものかというと、子どもが困らないようにするのではなく、困った環境でいかに生き抜くかを教えてやれる母親です。

できるだけ子ども自身に何でもやらせ、失敗と挑戦の繰り返しに気長につきあう辛抱強さ。泣かれてもぐずられても、「ここで折れては、この子のためにならないから」と考え、ダメなことはダメと毅然としてとおす強さ。そして一番必要なのは、子どもが挫折した時、黙って寄り添って共にじっと耐え、子どもが自ら立ち上がるのを信じて待つ強さです。

親というのは、わが子が問題にぶつかって悩む姿を見ると、歯がゆくて、切ない思いをするものです。この時、子どもと共につらさのなかに踏みとどまることは、親にしかしてやれません。このつらさを味わうことが、親としての大切な学び。もどかしさのなかで、たとえわが子であっても「一人の人間である」と尊重し、子どもの伸びる力を信じて待つことの大切さを学ぶ、貴重な時間なのです。

## 思春期の親子を支える信頼の絆

この「信じて待つ力」は、いずれ訪れる思春期の危機を支えることとなります。

子どもは、自らの人生を生きるなかで何度も危機に見舞われます。人とぶつかって切ない思いをしたり、信頼していた相手に裏切られたりすることもあるでしょう。何かを強く願って努力をしても望みがかなわない、という体験をするかもしれません。志を抱いて挑戦して、夢が破れる体験をする人も多くいます。こうした体験は、思春期という、自分を確立する時期にはだれもが通る道です。

こうした危機を乗り越える支えとなるのは、傷ついた心をやさしく包み、痛みを共に担ってくれる人の存在です。再び立ち上がるその子自身の力を信じて見守ってくれる、温かな目です。

これは、幼いころから肌のぬくもりで安心を与えてきてくれた母親だからこそ、できることではないでしょうか。

赤ちゃんの泣き声に困り果てる、二、三歳頃の反抗期に閉口するなど、親は子育ての様々な場面で悩み、戸惑います。そうした時にしっかり悩みながらわが子に向き合うことで、親はいずれ訪れる思春期の危機に「信じて待つ力」を備えた存在へと、子どもに育てられているのです。

家庭教育は、生活のなかに生きている教育です。どうか、日々、子どもと精一杯ふれあい、子どもの心に耳を傾けて学び、子どもと心が通じあえる瞬間の喜びを存分に味わっていただきたいと願ってやみません。

5

# お母さんの抱っこと
# やさしい語りかけは、
# 赤ちゃんに欠かせない心の栄養

★5

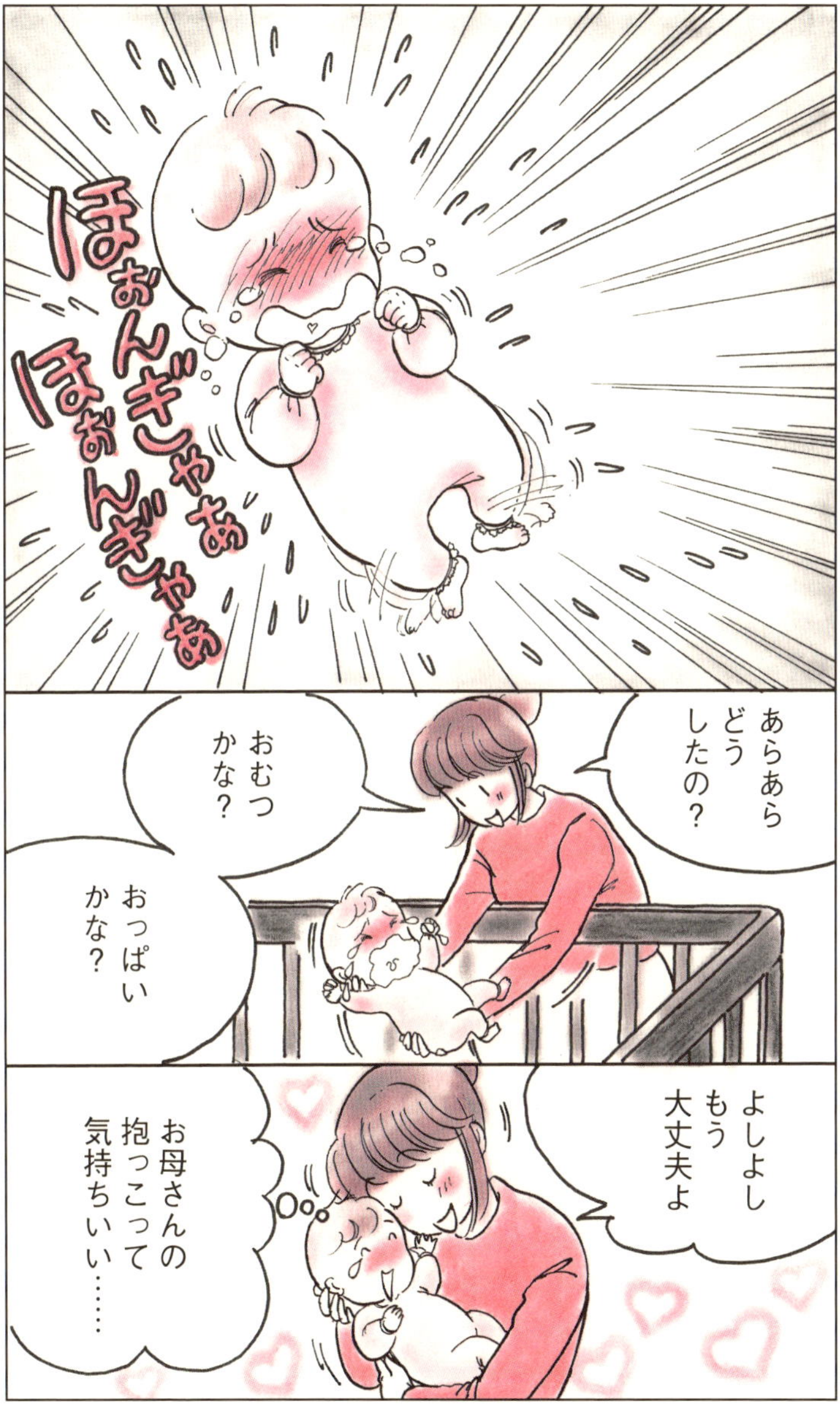
ほぉんぎゃぁ
ほぉんぎゃぁ
あらあらどうしたの？
おむつかな？
おっぱいかな？
よしよしもう大丈夫よ
お母さんの抱っこって気持ちいい……

## ★「私が呼べば、世界がほほえむ」という安心感

お乳を飲む、眠る、そして排泄することが、生まれて間もない赤ちゃんの「生きる」ことのすべてです。そのお世話をしてくれるお母さんは、赤ちゃんにとって、世界のすべてといっていいでしょう。

ですから、赤ちゃんが泣いたら、すぐに応えてあげましょう。やさしい笑顔とまなざしを向けて抱き上げ、やさしい言葉をかけてお世話をすると、赤ちゃんの心に「泣けば必ず応えてくれる」と信じる気持ちが育ちます。

これを心理学では「原信頼」と呼びます。「自分は要求に応えてもらう価値のある存在だ」という自尊感情の最初の芽生えであり、同時に、周囲の人は自分を温かく受け入れてくれると信じる信頼感の基盤となります。赤ちゃんの人生を通じて、人との関係を築くための心の基礎となる、人間としてとても大切な発達です。

「三つ子の魂百までも」といわれますが、これは人間の歴史的事実から生まれた言葉です。この時期のお母さんと赤ちゃんのふれあいが一番大切なのは、こうした理由からです。

## ★「甘え泣き」、「抱きぐせ」は大いに結構！

一方で、「抱きぐせ」という言葉もあります。赤ちゃんは日々成長し、しだいに甘え泣きも始まります。

「甘え泣きしてすぐ抱っこしてたら、抱きぐせがつくのでは……？」

と心配なお母さんもいるかもしれませんが、それはお母さんへの信頼感が育っている証拠。

「お母さんが来てくれたら、気持ちいい！」

とよくわかり、お母さんの抱っこや語りかけに、大きな安心を感じるのです。そう思うと、しっかり甘える気持ちを満たして育てることは、とても大切なことだと思えませんか？

どうしてもすませなければならない用事がある時は、赤ちゃんに異常がないかどうかを確かめてから、

「少しだけ待っててね」

とやさしく語りかけ、泣いている赤ちゃんを少し待たせて用事をすませてもかまわないでしょう。そのことで、欲求不満に耐える心も育ちます。

★5

お母さん おうちの 用事を してくるね
少しの間 いい子で 待っててね
はーい ここに いるよ
ふえっ…
ふえっ…
あと 少しだよ 頑張って ね
びえー
はい お待たせ
待ってて くれて ありがとね
ああ お母さんの 抱っこ…… これで 安心だ

ポイント

泣いている赤ちゃんを待たせることは、がまんの心を育てる機会にもなる。ただし、あまり長く待たせないことが大切！

赤ちゃんにとっても、用事を残して落ち着かない気持ちのお母さんに抱っこされるよりも、ゆったりとした気持ちのお母さんに抱っこしてもらえるほうがずっと安心できるので、ぐずりも早くおさまるものです。ですから、さっさと用事をすませてから赤ちゃんのところに駆けつけてあげればいいのです。また、たまには「用事なんて、もう後回しでもいいか！」という思い切りの良さを持つのもいいですね。

いずれにしても、手をかける時には、身も心も一〇〇パーセント傾けて赤ちゃんに向き合うことが大切です。赤ちゃんは、ミルクやおしめ交換という実質的なお世話だけでなく、お母さんからの愛情を心の栄養として受け取っています。最近、携帯メールを打ちながら授乳しているお母さんの姿を見かけることもあります。しかし、お乳を飲ませている時には、ちゃんと赤ちゃんの顔を見つめてあげてほしいのです。温かなお乳でお腹が満たされていく安心感に、お母さんのやさしい笑顔と語りかけが重なれば、赤ちゃんの心にお母さんという存在が安らぎの象徴として刻まれていきます。

その昔、ローマ帝国で、生まれたばかりの赤ん坊を数十人集めて、ある実験が行われたそうです。それは、赤ん坊にミルクを与え、健康にも注意して世話はするけれども、世話をする人以外は赤ん坊に近寄らず、また世話をする役の人も、赤ん坊に笑顔を見せてはならず、また必要以上にふれてもならない、というものでした。果たして一年後、すべての赤ん坊が、成長できずに亡くなっていたそうです。

赤ちゃんは、お母さんのやさしい語りかけと抱っこなしでは、心身共に健康的に成長することはできません。でなければ、たとえお腹は満たされても、心は満たされないからです。ですから、お母さんの愛情を待ちわびている赤ちゃんに、たくさん抱っこしてたくさん話しかけてあげてください。

「ながら授乳」では、赤ちゃんのお腹は満たせても心は満たせない

やさしい笑顔と語りかけで、赤ちゃんの心もたっぷり愛情という栄養で満たしてあげる

## 6

# 子どもの「困った行動」？
# それは子どもが成長している
# サインです。

# ★反抗は子どもの心が育った証し

二歳から三歳にかけて、最初の反抗期が訪れます。「ヤダヤダ～」と泣いてすがったり、できないことを「自分でする！」と言い張ったり、遊びを中断させようとすると猛烈なかんしゃくを起こしたり、親の注意が聞こえないふりをしたり……。そんな子どもに一日中つきあうお母さん、本当にお疲れ様ですね。毎日たくさんの用事を抱えるお母さんが、そんな子どもに振り回されて、つい「この子ったら、本当にわがままなんだから……」「もう、めんどうくさい！」と感じてしまうのも、当然のことです。

幼児期に見られるこれらの行動は「悪意のない自己中心性」といわれ、子どもの心に「本能我」が芽生えているためです。これは、この時期の子どもの精神的発達を考えると、健全に成長している証拠です。

赤ちゃんの時には、ただひたすら世話されて愛されるという受け身だったのですが、しだいに「自分の思い通りに食べたい、飲みたい、遊びたい」という気持ちが育ってきているのです。これは、子どもが自立するための大切な第一歩といえます。

★6

それじゃ逆よお母さんに貸して!
自分でできるの!
できた!
うわ…
だから言ったでしょ! ほら脱ぎなさい!
やだーっ! これでいいのーっ!!
もう知らない! お出かけもなしね!
やだ やだぁ~ お出かけするう~っ!!

ポイント

手がかかるのは、周囲への興味や関心が強くなってきたことの表れ。

## ★子ども自身が持つ能力を伸ばす

何にでも興味が動く好奇心。

やりたいことを見つけて取り組もうとする意欲。

失敗してもがむしゃらにチャレンジする柔軟性。

「今、この時」に没頭できる集中力。

すべて、人間として自立するために必要な能力です。

これらは、子どもの心が動いて初めて行動となって表れ、伸びていくもの。こちらが何とかしようと思って、簡単に引き出せるものではありません。

★6

「這えば立て、立てば歩めの親心」と昔からよく言うように、親というのは子どもの体の成長はとても喜ぶものです。ところが、子どもの精神的な成長は時に「反抗」という形で表されるために、親はその成長を喜ぶどころか反対に抑えつけようとすらしてしまいます。けれど、大切なのは、その「反抗」という形で表される子どもの行動を抑えつけるのではなく、その場面や相手に適した行動を取れるよう上手に導くことです。

子どもをそのように導くには、まず、子どもの「自分はこうしたい！」という思いに寄り添って、気持ちを受けとめてあげること。そのうえで、やっていいこと、悪いことの区別を粘り強く諭します。

子どもは、親の顔を見ながら生活しています。大好きなお母さんの顔はことによく見ていて、その表情から気持ちの変化をよくくみとっています。ですから、わが子を良いこと、悪いことの分別のつく子に育てるには、お母さんは悪いことをした時や人に迷惑をかけた時は悲しい顔、つらい顔、時には怒った顔を見せ、良いことをした時にはやさしい笑顔やうれしそうな顔を見せて、お母さんの心を感じさせてあげればよいのです。あとは、子どもが自分で気持ちを切りかえられるように、やさしく励ましながら待ってほしいのです。

近年、若者の無気力・受け身姿勢が目立つようになったといわれるのは、子どもの主体性の芽を抑えつけてきた結果といえるかもしれません。この時期の子どもの「困った行動」を「わがまま」と見ずに、「成長」や「可能性」として尊重する——ここに「子どもに学ぶ」という姿勢があります。

さあ、大きく一度、深呼吸です。「この行動は、この子の成長にとって必要なもの」という視点で子どもの姿を見つめなおし、心にゆとりを作ってほしいのです。

7

# ぐずる子ども、どうすればいい？

## ――言いなりになるのではなく 気持ちを受けとめる。抑えつけるのではなく 考えさせる

## ★「（親にとって都合の）いい子」を求めていないか

子どもの反抗は、精神的な成長の表れだから、抑えつけるよりもむしろ尊重すべきものだということは、先に説明したとおりです。ぐずりや反抗を尊重することとは、何も子どもの言いなりになるということではありません。それを機会として、がまんを学んだり、自己肯定感を高めたり、親との信頼関係を築いたりするチャンスととらえるということです。

親はつい、ぐずっているのを見ると、「わがまま」や「かんしゃく」を許してはいけないと考えます。しかし、それでは自分からがまんしようとする心は育たないのです。頭ごなしに叱りつけるのは、単に「（親にとって都合の）いい子」を求めているにすぎないのです。

## ★子どものかんしゃくを上手に導く

もし子どもが日常生活のなかで時にかんしゃくを起こしているとしたら、それは親子の関係がうまくいっているということです。というのも、もし親が自分の思い通りに子どもを抑えつ

★7

けてしまっていれば、子どもはかんしゃくを起こせないからです。また、もし親が過保護だったり放任主義だったりすると、やはりかんしゃくは起こしません。なぜなら、何でも自分の思い通りになるので、かんしゃくの起こしようがないからです。

ですから、親はかんしゃくをただ押し込めたり、言いなりになるのではなく、その葛藤を上手に導いてあげたいものです。

それには、まずは子どもの気持ちをよく聞いて共感します。すると、子どもは「わかってもらえた」という安心感に満たされて落ち着きます。そのうえで、ダメなことはダメ、と毅然《きぜん》とした態度でやさしく諭せば、本当のがまんする心が育ちます。

**ポイント**

気持ちを受けとめてもらえた安心感は「自分は愛される価値がある」という自己肯定感――心のエネルギーになる。そのエネルギーが、がまんする心を育てる。

はーい テレビは おしまい！
さっき 約束 したよね
やだ！ もっと 見る〜！
もう少しだけ 見せて！ お願い〜
うあーん
え…
あ……
わーいっ！ ありが とう!!
やったぁー♡
しょうが ないわね あと少し だけよ……
ってすれば 楽なんだ けど……
でも 私から 約束を破れば 泣けば思い通りに なると思わせて しまう
それじゃ この子のために ならないし……
うむ

★7

ここは
やっぱり……
この子も
がまん
私も
がまんだ
がんばって
約束を
守ろうね
できる
かな……？
もっと
観たいよね
でも約束
したんだ
よね
ひっく
ひっく…
うっ……
わかった
が、
がまん
する……
えらい！
ちゃーんと
約束を
守れるのね！
お母さん
とっても
うれしい！
むぎゅっ
なんでだろう……
がまんしたのに
うれしい……

# ★親も一緒にがまんを学ぶ

親として「ダメ」をとおそうとする時、子どもがよけいに反抗して食い下がることもあるでしょう。そうした時は、「わがままをやめさせたい」「ぐずられたら面倒だ」という親の都合を押しつける気持ちが、言外に伝わっているものです。

ところが、子どもの気持ちに心から共感できれば、親の心のなかで「わがまま」や「ぐずり」が問題でなくなります。すると、親の都合や物事の是非はさておいて、子どもが気持ちの切りかえをするまで待つ心のゆとりが生まれます。「子どものがまんを育ててやりたい」という親である自分自身の願いにも、落ち着いた心で向き合うことができます。

その願いは、必ず子どもに伝わります。そして、不思議なことに、そうした親の思いを感じると、子どもの心が自然と落ち着き、ぐずりがおさまっていくことが多いものです。

そう考えると、子どもががまんを学んでいるときは、親も子どもを信じて待つ力を育ててもらっているともいえるのです。

8

# 「待って」と言う前に、目と目を合わせて「はい、なあに？」と応える

ねえ
お母さーん
聞いて
ちょっと
待って
こっちが
終わって
から！
お母さん
これ読んで
ムリ!!
今は
手を離せ
ないから
後で！
お母さん！
あのね
あっちで
ね……
もう！
忙しいのよ！
見てわから
ないのっ!?
しゅん……
……
まったく
もう……

★8

## ★大好きなお母さんに受けとめてほしい

幼い子どもは、怖さやつらさ、喜びや悲しみを、大好きなお母さんに伝えたくて、すぐお母さんのもとに飛んできます。大人から見れば「ささいなこと……」と思うことでも、うれしいにつけ悲しいにつけ動く心を、お母さんと共有したいのです。それもそのはず、子どもにとって世界は驚きの連続で、まだまだ小さな子どもの心の器では、その驚きや感動がおさまりきれずにあふれてくるのです。一番信頼できる存在のお母さんだからこそ、あふれる思いを一緒に抱えてほしい！　と、子どもは飛んでくるのです。

## ★待たせる前に、目を合わせて言葉をかける

一日中、用事に追いかけられているお母さんですから、いつもその場で子どもに向き合ってばかりはいられません。また、常に子どもの欲求をその場で満たしてばかりいては、子どもががまんすることを覚えるチャンスを奪うことにもなります。ですから、その場の状況に応じて、

お母さんの用事を優先してもよいのです。

ただ、大切なのは、子どもの話を聞かずに親の都合だけ言うのではなく、まず、飛び込んできた子どもの気持ちを受けとめてあげることです。

ですから、子どもが「お母さん！」と呼びかけてきた時、まず「はい、なあに？」とやさしく心をこめて応え、振り向いてください。「あなたを受けとめるよ」という温かなまなざしが、「愛されている実感」として子どもの心に積み重なります。その日々の繰り返しによって、子どもの自己肯定感が培われます。

★8

9

# 黙って10秒、抱きしめる。抱きしめれば、親の心も満たされる

## ★10秒間のゆとりを持つ

子どもがぐずると、忙しいお母さんたちは、「せめて、この用事がすむまで待ってほしいのに……」と思ってしまいますよね。そうはいっても、用事の合間にわずか10秒間をひねり出すのは、そう難しいことではないはずです。家事をしていればあっという間に過ぎるこの時間ですが、このたった10秒間で子どもの心を落ち着かせる魔法があります。

その魔法とは、「抱っこ」です。

ゆっくり数えて10秒間、しっかり抱っこ。あらためて体験してみると、けっこう長く感じる人も多いはずです。その10秒間は集中して目の前の子どもだけを思い、しっかりと抱きしめましょう。それは、親子共に満足度の高いスキンシップになるはずです。たった10秒、されど10秒。このわずかな時間の価値は大きいはずです。

お母さんに抱きしめられてぬくもりを受け取ると、子どもの心は安心感と幸せに満たされて、安定します。そうしたふれあいを日々積み重ねることで、子どもの心に豊かな情緒が培われていくのです。

★9

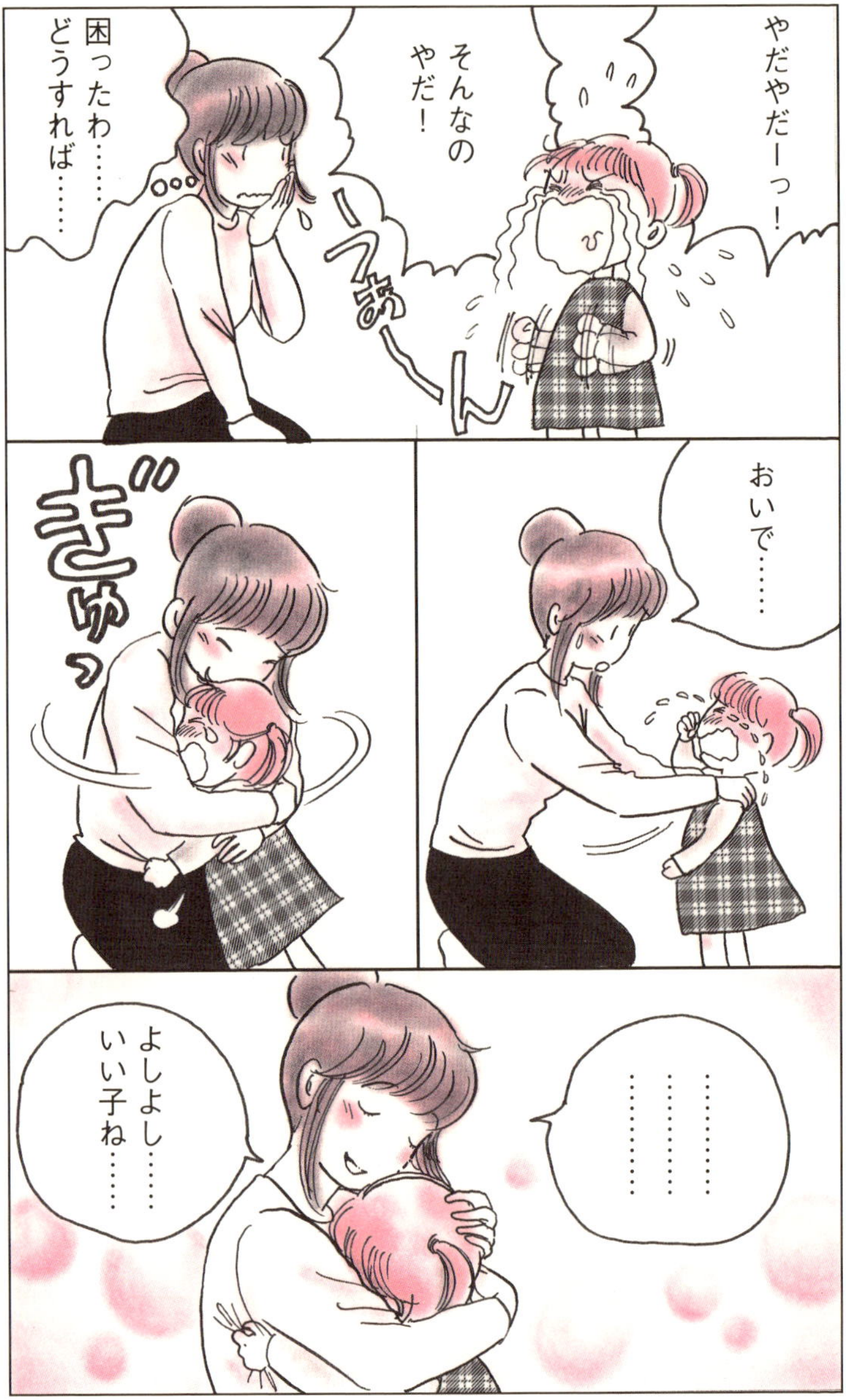

やだやだーっ！
そんなの
やだ！
うぁーん
困ったわ……
どうすれば……
おいで……
ぎゅっ
………
よしよし……
いい子ね……

ポイント

スキンシップをすれば、子どもと心が近づいて、お母さんもやさしい気持ちになれる。

## ★抱きしめるごとに「大好き」がわきあがる

スキンシップという魔法のすばらしいところは、抱きしめられた子どもと同じく、抱きしめる側のお母さんの心も安心感や幸せに満たされることです。それは、全力で抱きついてくる子どもから「お母さん、大好き!」という愛情が惜しみなく注ぎこまれるから。

そう、子どもを抱きしめるということは、お母さんも子どもに抱きしめられているということなのです。「抱っこ」の魔法は、親子の心をつなぐ魔法。抱きしめあうほどに、お母さんも子どもも幸せ感や愛情が高まり、お互いに相手への思いやりが自然にどんどんとわいてきます。

★9

10

# 幼児の心の特徴がわかれば子どもの思いが見えてくる

## ★子どもの考え方、感じ方の特徴を知る

幼児期の子どもとふれあううえで大切なことは、この時期の子どもの考え方、感じ方の特徴を踏まえておくということです。その特徴とは、次のようなことがあげられます。

**①幼児は自分と他人の区別がつかない（自己中心的）**

二、三歳ころの幼児前期は、子どもはまだ「他人」というものとらえ方ができていません。そのため、まだ「自分以外の人の気持ち」を考えることは難しいのです。先にあげた「悪意のない自己中心性」という特徴が見られるのは、そのためです。まだ自分中心にしかものを考えられないために、感情表現もストレート。また、体全体を使って表現します。

ですから、たとえば友達とけんかをした時などは、子どもの気持ちを受けとめながら、お友達の気持ちを伝えるふれあいをしてあげてください。すると、子どもは「自分と同じように、相手にも気持ちがある」ということを学びます。幼児後期までにかけてそうした体験を積み重ねることで、他人を大切にする姿勢が育ちます。

★10

## ②幼児は失敗を予測できない

「こうしたら、こうなるだろう」と予測する力や、見聞きしたものから想像する力は、生活経験を積み重ねないと育ちません。だから、幼児は後先を考えずに行動します。何にでもさわろうとするのもそのためです。でも、その実体験こそが、貴重な学びとなるのです。

最近の小学生は転び方が下手で、ちょっと転んだだけで大きな事故につながることも稀《まれ》ではないようです。親や周囲の大人が、転ぶ前に手を出し、転ぶ危険のあることを極力させないため、身体感覚が身についていないからだといわれます。

そう考えると、ある程度の痛みや驚き

幼児は好奇心が強く、何にでもまず手を出す。しかし、そのことで学ぶことは多い

を伴うことでも、命の危険がある場合や人に迷惑をかけることでなければ、見守りつつ体験させることが大切です。

### ③幼児には、時間の観念がない

この時期の幼児は、一か月前にしたことでも、「きのう○○した」と話したりします。これは、まだ「時間」というものがよくわかっていないからです。つまり、幼児には過去も未来もなく、あるのは現在のみなのです。

ですから、「後でね」「しばらく待ってね」と伝えても、幼児にとっては「今はダメ」という意味でしかありません。それよりも、「お片づけをしてから○○しよう」「時計の短い針が3をさすまで待とうね」と、具体的でわかりやすく伝えることが大切です。

### ④幼児は感情的である。理屈では動かない

この時期の幼児は、理性がまだ育っておらず、感情で動きます。ですから、理屈では納得しません。「自分と他人の区別があまりない」という特徴もあり、動物や花、物などにも深く感情移入ができる時期です。この時期の子どもが描くお日さまにニコニコ笑顔がついているのは、

「後で」という感覚がわからないので、「後で自分がおやつを食べている」姿を想像できない。「今はダメ」ということだけはわかるので、ごねる

「ご飯が終わったら」「時計の針が3まで来たら」など、目に見えてわかる具体的な目標を伝えると、がまんしやすい。その体験の積み重ねで、時間の感覚をつかんでいく

こうした「すべての物にいのちや心があると信じて心を動かす」（汎心論）という特徴があるからです。これを「美しい自己中心」といい、この特徴を上手にとらえて気持ちを行動に振り向けさせていくことができる時期です。

ですから、何かに挑戦させたり、がまんさせたりする時は、情感に訴えてやる気を引き出し、子どもが「がんばって良かった」と感じられる体験をさせましょう。すると、その喜びが自然と行動に結びついて、やる気が育ちます。たとえば、おもちゃを片づけさせるには「クマさんのぬいぐるみが『お家に帰りたい』って泣いているよ」と情感に訴えかけ、それができたら「クマさんが『ありがとう』って笑ってるね」と声をかけてあげるとよいのです。

幼児は「すべての物にいのちや心がある」と感じるので、情感に訴えかけ、行動に結びつけるようふれあう

子育てエッセイ②

# しつけとは何か①――幼児期は「情」でしつける

## 基本的生活習慣を身につける

しつけは「躾」と書き、身を美しくするという意味があります。これは着物を縫うときに型を整えるために仕付けをするところから生まれた言葉といわれています。つまり、しつけとは真っ白な状態でこの世に生まれた子どもが、将来、一人前の人間として社会生活を送ることができるよう、生活上の習慣を身につけさせることです。

海軍大将だった山本五十六は、

「やってみせ　言って聞かせて　させてみて　ほめてやらねば　人は動かじ」

という道歌を遺《のこ》しました。人育ての基本ともいえる名言でしょう。子どものしつけをすることとは、まさに、親が日々こうしたふれあいを繰り返し重ねながら、良い習慣を身につけさせていくことです。

しつけは、「立ち居振る舞いのしつけ（型）」と、「道義的なしつけ（心）」の大きく二つに分けて考えることができます。

立ち居振る舞いのしつけは、郷に入ったら郷に従えといわれるように、型として、自分の置かれた生活様式に応じた行動を身につけさせることです。道義的なしつけとは、人とより良い関係を持って生きるために踏まえておくべきこと、いわば人として守るべき道筋を子どもの心に刻むことです。この道義的なしつけはいつの世にも変わらないものです。なかでも特に心がけてしつけなければならないのは、「人と共に、人のために」という精神です。

この二つのことを年齢に応じて段階的に身につけさせるわけですが、幼児期のしつけのポイントは、まず基本的な生活習慣――「型」を身につけさせることです。

食事、睡眠、排泄、着衣、清潔という人間らしく生きるための五つの基本的なことは、赤ちゃんのころは、すべて母親にしてもらっていました。しかし、幼児後期になると、ほとんどの子どもは幼稚園や保育園へ通いはじめ、母親から離れて過ごす時間を持つようになります。その時に、子どもが自分で身の回りのことを一通りできるようになっていなくては、自分も周囲も困ります。

このしつけの時期は、親にも大変な忍耐が必要です。しかし、子どもの自立のためにとても大切な時期ですから、親子で一緒に努力していきましょう。その時に心にとめ置いてほしいことは、幼児期は「情」でしつける、ということです。

## 行動と感情を結びつける

人間は知識によってではなく、心が動いて初めて行動を起こします。つまり、「知」「情」「意」という三つの精神的能力のうち、「情」の働きがすべての行動の基盤です。ですから、感情の豊かな幼児期には特に、親は理屈でなく「情」でしつけることが大切です。

先にあげたように、しつけとは、どう行動するかという型です。「情」でしつけるということは、この型としての行動に感情を結びつける、ということです。場面に適した行動を教えつつ、その時に生まれる感情を親が表現したり、子どもから引き出したりすることで、この結びつきは作られます。

たとえば「おはよう」というあいさつの習慣を身につけるには、子どもが朝起きてきて「おはようございます」と言った時に、お母さんがやさしくほほえんで「おはよう」と応え、頭をなでてあげます。すると、子どもの心に「『おはよう』と言うと気持ちがいいな。明日もちゃんと言おう」という気持ちが根づきます。また、子どもと一緒に片づけをした後、「お部屋がきれいだと気持ちいいね。最後までがんばってえらかったよ」とお母さんが声をかけて喜びあうことで、部屋がきれいになった清々しさやがんばった喜びが子どもの心に刻まれます。すると「いつでも気持ちよく過ごせるように、片づけをしよう」という気持ちが作られていきます。

このように、行動に心を伴わせることを繰り返すうちに、場面に合った行動を自然と取れるようになっていきます。幼児は心がとても素直で、親にほめられるとどんどんやる気が育ちます。一つ一つの動作について体が自然と動くようになるまで、親は粘り強くこうしたふれあいを重ねましょう。

学校などの人数が多い集団では、一人一人に合わせてこうした細やかな対応をするのは難しいものです。しかし、幼いころから家庭で心と行動を結びつけて育てられていると、学齢期にもなれば、自ら感じて、考えて、行動できる自主性が伸びていくのです。

11

# 落ち着きがなくて当たり前！<br>体当たりで学ぶ児童前期

## ★児童前期の発達のポイントは、体からの刺激

「小学生になったのに、落ち着きがなくて。勉強もそっちのけで遊んでばかりで……」

こんなふうに嘆くお母さんは多いものです。けれど、児童前期（小学低学年頃）の発達の特徴を知れば、それは子どもの正しい成長の姿だとわかります。この時期の成長の特徴は、三つあります。

**①手足の筋力が飛躍的に発達し、運動能力が上がる。**

小学校三年生くらいまでの子どもを自由に遊ばせると、鬼ごっこに木登り、ボール遊びと、とにかくじっとしていません。わけもなく友達と追いかけっこをするだけで楽しくてたまらない、という顔をしています。

この時期、子どもたちの筋力はめざましい発達をし、体を思い通りに動かせるようになってきます。子どもは、そのことがうれしくてしかたないのでしょう。とにかく体中からエネルギーがあふれ出てきて、じっとしていられないのです。

体をしっかり動かすことで身体能力が鍛えられるのはもちろん、体からの刺激を受けることで、脳の働きも発達します。頭で学ぶことと体感することとのつながりが深くなる時期でもありますから、じゅうぶんに体を動かすことはとても大切なことです。

**②好奇心が最も強くなる時期である。**

好奇心とは珍しいと思うものに強くひきつけられ、不思議だなあと感じて知ろうとする心です。この年代の子どもは非常に好奇心が強く、いろいろなことに次々と興味を持つものです。こうした姿が大人の目には「すぐ目移りして落ち着

一生のうちで、最も好奇心が強く、興味のままに行動する。それが大人の目には落ち着きがなく、行儀が悪いように映る

きがない」と映りますが、この時期の精神の発達を考えると、正常なことです。

ある研究によると、好奇心の強さは一般的に満七歳でピークを迎えるといわれます。それも九歳頃からしだいに落ち着いてきます。つまり、児童前期は好奇心が刺激されやすくて落ち着きがなく、一つのことに集中して取り組めるようになるのは高学年頃からです。しかし、その時期を迎えた時、勉強に打ち込む原動力となるのが、低学年に目覚ましい発達をする好奇心です。ですから、無理に抑えつけるより、親が一緒に考えたり楽しんだりすると、「興味を感じて、自ら学ぶ」という姿勢が育ちます。

**③友達との遊びのなかで社会的な適応性を身につける。**

児童前期に身につけておきたい大切な習慣に、家で勉強をする習慣、お手伝いをする習慣があります。そしてもう一つ忘れてはならないのが、仲間としっかり遊ぶことです。

子どもは仲間を作って遊ぶことがとても好きです。これは、人が持っている集団本能によるものです。この集団遊びのなかで、子どもは学校の先生や親では教えられない大切なことを学びます。たとえば、どんなにやりたいことでも自分の順番を辛抱強く待つといった集団のルールや、仲間どうしでゆずり合い助け合う心などです。

★11

えいっ
わぁーっ
あ～
アウト！
次は私の番だよ
ダ～メ！これ私のだもん私は交替なしね
ええ～っ？
じゃあもう遊ぶのや～めた！ねっ？
うんうん
……
わ、わかった……みんなで順番ね
じゃ私ね！
やった～
パチパチ

## ★「遊び」は「学び」

この時期の子どもの心は素直で、けんかしてもまたこだわりなく遊べる柔軟さがあります。だからこそ、集団のなかで思い切り友達とぶつかりあい、ルールを守ることの大切さや仲間と助け合うことのすばらしさを身をもって体験するとよいのです。この体験が、社会で生きるための協調性や、問題に取り組む知恵や忍耐力につながります。

ですから、「良い友達を選びなさい」などと言って子どもの交友関係に口出しせず、いろんな子どもと遊ばせたほうがよいのです。そして「どうすれば良い友達になれるか」と共に考え、励まし、見守ることが、親の大切な役割です。

遊びをとおして身体と脳を鍛え、好奇心を育て、関係づくりの力を育てる――児童前期の成長のキーワードは「遊び」だといってよいでしょう。ですから、親は「よく学び、よく学べ」と勉強の心配ばかりせず、「よく遊ぶ子ほど、よく学ぶ子」なのだと心得ることです。その学びとは、「人間としての学び」です。昔ながらにいわれてきた「よく学び、よく遊べ」という言葉の深い意味を、私たち大人はもう一度よく味わってみることが大切だと思うのです。

12

# へりくつ、憎まれ口……
# 第二反抗期も、立派な成長の証し

## ★反抗は精神の発達の表れ

小学校四年生からの児童後期は、身体的に最も安定し、一生を通じて最も死亡率が低い時期です。学校生活にもすっかり慣れ、親もつい安心して心配りをおろそかにしがちです。しかし、思春期に入る準備段階であり、精神の発達が著しい時期ですから、いわゆる「第二反抗期」と呼ばれる言動が徐々に表れだします。いわゆる「へりくつ」や「憎まれ口」などが、その例です。

低学年の間は、いやいやながらも親の言いつけに従ってきた子が、高学年になると言い返したり聞き流したりするようになります。親も、イライラする場面が増えることでしょう。しかし、ただ押しつけて教えこもうとしたり、頭ごなしに叱りつけたりしても効果がないどころか、反対によけい親の言うことに耳を貸さなくなることが多いものです。

この時期から思春期にわたって表れる言動の変化は、それぞれの時期に見られる精神の発達が大きく関係しています。その変化を親がよく理解すると、「反抗」の裏にあるすばらしい成長に気づくことができるでしょう。

ごちそうさま
カターン
ちょっと
自分の食器くらい下げなさい!
カチッ
はいはい!
カチャカチャ
やればいいんでしょ!
カチン
親になんて口きくの!
何様のつもりっ!?
お子様でーす
※△□?!

## ★学年ごとに見る発達の特徴

この時期には、学年を一つ上がるごとに、めざましい精神の発達が見られます。子ども自身の性格や育つ環境の影響による個人差はありますが、およそ次のような段階で発達します。

【小学四年生頃】

**①家庭中心から社会へ**

これまで「私が」「僕が」と言っていたのが、「私たち」「僕たち」と言うようになります。これは、自分以外の人の存在をしっかりととらえられるようになったということです。集団や世の中のありかたを理解し、相手の立場と自分の立場を考えて発言するようになります。

親子関係という縦の関係を抜け出して、友達や仲間といる横の関係を自分の世界の中心に据えるようになるので、親の言うことよりも友達どうしの約束が大切になります。

**②原因・結果の法則を理解する**

物事の因果関係を原因・結果の法則で理解するようになります。ですから、これまで何となくとらえていた善悪の判断基準を、「良い（悪い）ことをすれば良い（悪い）結果が起こる」と親がしっかり伝えると、道徳心が育ちます。たとえ表面上にはすぐに反応が表れなくても、道徳的観念を培う大切な時期です。

## 【小学五年生頃】

### ①批判力が出てくる

世の中のできごとをありのままに見る力が一段と強くなります。そのため、目の前にいる親や先生を、テレビや物語に出てくる親や先生と比べて批判するようにもなります。生意気にも思える言動ですが、世の中を正しく理想的に見ようとする大切な成

親や先生を理想的な姿と比べて、批判することが多くなる

長過程の一つです。ですから、親自身も自らの言動を律していないと、子どもの信頼を損ねることにもなります。

**②仲間意識が深まる**

仲間どうしの絆が強くなり、内面的な絆で結ばれます。この結びつきのなかで、問題を自分たちだけで語り合い、励ましあって何とかしようとします。

集団のリーダーに求められる資質は、低学年までのように体の大きさや腕力ではなく、知識の豊かさや道徳心、人間性などが重要になります。これは、このころの子どもが英雄に憧れ、絶対的な正義を強く求める気持ちからくるものです。

仲間どうしの絆が深まり、集団で何かに取り組む力がついてくる

## 【小学六年生】

### ①論理的な考え方ができるようになる

多少なりとも論理的な考え方ができるようになります。そのため、理屈に合わないことには納得せず、親の言ったことに理屈ぜめで言い返します。とはいえ、まだ論理が整理されておらず、考え方も狭いので、いわゆる「へりくつ」となります。親はうるさくてつい怒りたくなりますが、これも子どもの知的な成長と認め、納得のいくように話し合うことが大切です。

### ②内省力がつく――青年期の入り口

ここ数年は「私たち」という言葉を好んで使い、自分の入っている集団の論理が何より重要でしたが、ここで再び「僕」「私」に立ち返ります。また、周りで起きている現実と自分の行為を比べて（現実性）、自分が正しいかどうかを振り返る力がついてきます（自己反省）。

現実をしっかりととらえたいという気持ちから、うそや作り話、あいまいな話よりも本当の話を好みます。子どもどうしの話題も、物語や空想よりも、自分たちに身近な現実の問題や、テレビや新聞で得た社会の話題に移っていきます。

## ★ではなをくじかれるのを嫌がる心理

児童後期の精神の発達を見ると、子どもたちの内面世界が様々な方向に広く開かれ、自分で考える力がぐんぐん伸びていることがよくわかります。これまでは親に言われたとおりに行動し、それができて親にほめられると単純にうれしかったのですが、この時期になると、何を見聞きし、どう考えて行動するかを、すべて自分で決めて試したくなってきているのです。

たとえば、ではなをくじかれるとヘソをまげるという、この年代によくありがちな言動も、こうした成長に裏打ちされた心の表れです。

つまり、子どもがせっかく自分で考えて行動しようとしていたところに、親が勝手に判断し、先回りして指示や命令をすると、子どもは面子《メンツ》を傷つけられたように感じるのです。その思いが「今やろうと思ってたんだよ！」「やればいいんでしょう！」という反抗的な言葉になって出てくるのです。

こうした時に、「まだやってなかったくせに、えらそうなこと言わないの！」「いいわけしないで、さっさとやりなさい！」などと、売り言葉に買い言葉となるのはいただけません。

もうじき夕ご飯だお手伝いしなきゃ
その前に明日の時間割そろえよう
えーっと…
お手伝いくらいしなさい！何時だと思ってるの！
カチーン
時間割そろえたら行こうと思ってたのに！
あら、まあそうだったの？
さっきはいきなり怒ってごめんね
ううんいいよ

ポイント

ではなをくじかれて怒るのは、「命令されてやるのではなく、自分から進んでやりたい」と思う自主性が芽生えてきている証拠

こうした時、子どもは「やらなきゃいけない」と思いつつ、「でもまだ遊んでいたい」と心の中で葛藤しています。ですから、自主的にやろうと思っていた気持ちを認め、「よく気がついたね！」とほめてあげると、「自分で考えて行動する」ことが喜びとなり、習慣となります。

こうした子どもの精神的な成長の特徴をよく知れば、「へりくつ」や「憎まれ口」がただの「反抗」でなく、「自分で考えて行動しようとする」という自主性が育っている証しだというように見えてはこないでしょうか。このすばらしい成長を喜び、上手に導くことが、次に訪れる「人生第二の誕生期」といわれる中学生期に向けての大切なステップになります。

★12

13

# 思春期への旅立ちに備える大切な準備期間

## ★危機を救う「避難所」になるために

児童期の後に待っているのは、人生第二の誕生期ともいわれる中学生期です。その時期は、まさに思春期まっただなか。児童後期に芽生えた「自分で考えて行動したい！」という自尊心の芽がより大きく育ち、親にはよほどのことがない限り、悩みを打ち明けなくなります。まだ自分の判断力に自信が持てず、心は非常に不安定で揺らぎやすいにも関わらず、素直に親に頼れなくなるのです。それでも心の奥では、「何があっても、親は自分をしっかりと受けとめてくれる」と信じられる、親子の絆を求めてやまない気持ちがあります。

児童後期には、こうした反抗期の前兆のような言動も目につき始めますが、まだ親の羽の下で無上の安心感を覚えて心を休めることができる時期です。親からの日常的なスキンシップにも、比較的素直に応じてくれる時期でもあります。ですから、こうしたふれあいができる間に、親は子どもの心情の変化に心を配り、子どもの心にしっかりと親への安心感やぬくもりを培うふれあいを心がけましょう。その積み重ねが、思春期に向けて強い絆を築いておくための大切な準備となるのです。

★13

あるお母さんから寄せられたお便りより——
小学六年生の娘さん・真由子ちゃんとの
ある日のふれあいのお話です。

あの……お母さんこれ……
踏んでこわしちゃった
これ水族館でお父さんに買ってもらった……
おねが～い
壊れちゃって残念だったね
けがはなかった?
あ……う、うん
あの……

お母さーん
あのねー
どすん
あーっ⁉
ぐっちゃ
ぐちゃ!
うっ
うるさい!
お姉ちゃんたら
いけない
んだー
大事に
するって
パパに約束
したのに
そんな
言い方
しないの
…
あっ
真由子⁉
スッ

踏んだだけで
こんなに
壊れるもの
かしら……？
あら
真由子
まだ起きてたの？
そろそろ
寝なさいね
う……ん
あの……
モジ
モジ

★13

あっ こら!
待って 今は お姉ちゃんの 番よ
あたしが ダッコー
あ! ちょっ… 真由子 ……
やっぱり いいよ
おやすみ なさい

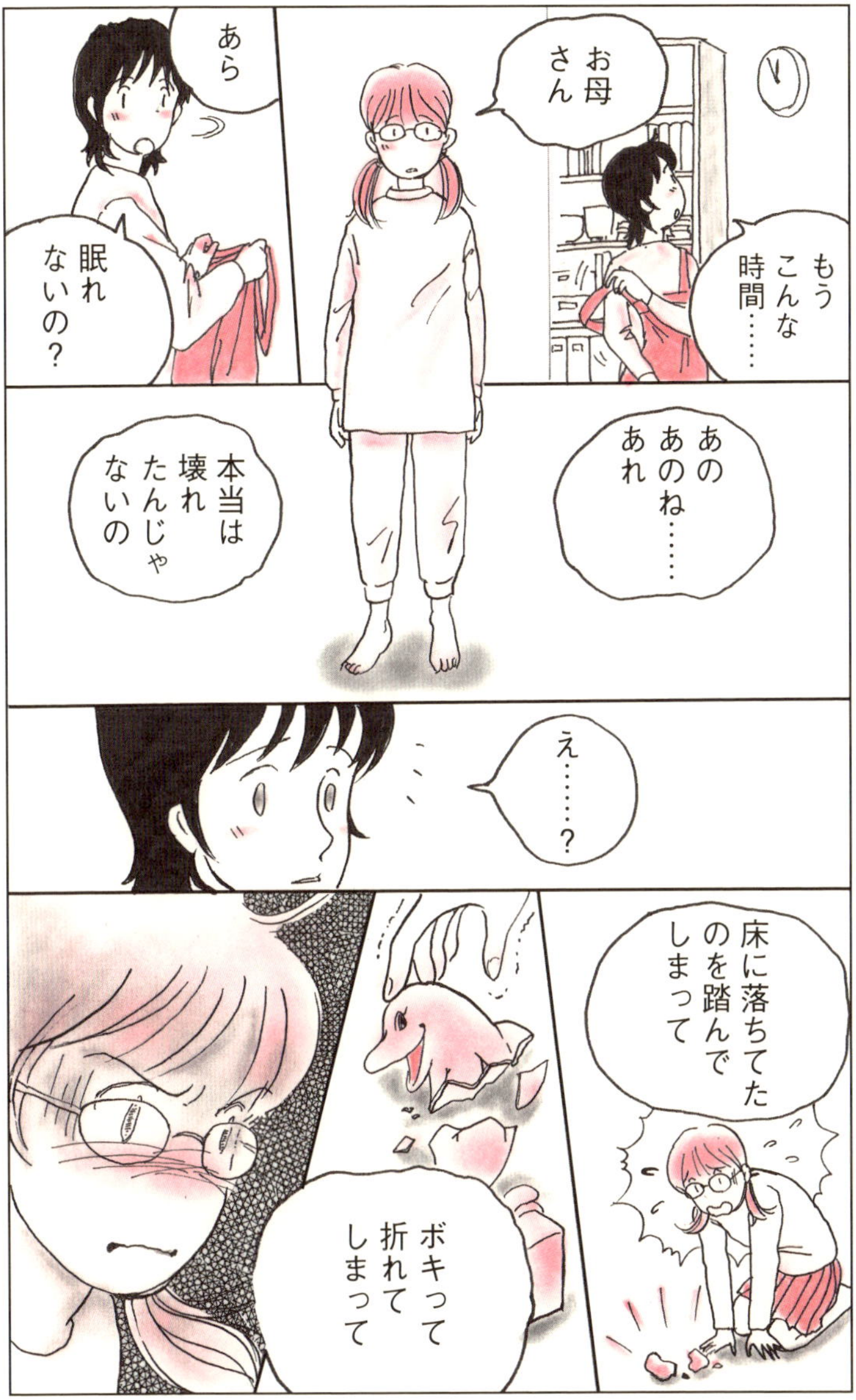

もうこんな時間……
お母さん
あら
眠れないの?
あのあのね……あれ
本当は壊れたんじゃないの
え……?
床に落ちてたのを踏んでしまって
ボキって折れてしまって

★13

それを見たら何だか急にムシャクシャしてきて
そしたらもっとメチャクチャにしたくなって……！
なんでそんなことしたのか
自分でもよくわからないの！
せっかくお父さんが買ってくれたのに！
うっ
うっ
ごっごめんなさい
真由子……

いいのよ
もう
いいの
話してくれて
ありがとう
怒らないの？
うあーん
コク
真由子は
自分のしたことが
正しくない
ことなんだって
ちゃんとわかってる
それでも
止められない
くらいの
気持ちだった
んだよね

そういう気持ちを話してくれてお母さんとってもうれしいの
だからもういいのよ
それから真由子ちゃんは友達とケンカしたこと
妹のことをめんどうくさく思ってしまうこと
いろんな気持ちを夜中までかかってたくさん話してくれたそうです

忘れものはない？
いってらっしゃい
いってきまーす
きっとあの時……
真由子のために心を開いていたことが伝わっていたんですね
「お母さんはいつでもどんな私でも受けとめてくれる」
そういう安心感がいずれ訪れる〝心の危機〟に
母という心の港へ誘う羅針盤になるのですね

★13

子育てエッセイ③

# しつけとは何か②――人と共に、人のために生きる幸せ

## しつけの最終目標は、自治の精神を育てること

アメリカの哲学者であり教育者であるジョン・デューイは、「人間は理性の生き物でもなければ、本能の生き物でもない。人間は習慣の生き物である」と述べました。

習慣には「良い習慣」と「悪い習慣」の二つがあります。「良い習慣」とは社会生活に適応するための習慣であり、「悪い習慣」とは他人の気持ちや都合を無視した自己中心的な習慣です。しつけとは、この「悪い習慣」を取り除き、「良い習慣」を身につけさせ、自分も他の人も共に幸せに生きていけるように導くことです。つまり、「できないことをできるようにする」ためのしつけと、「やってはいけないことをがまんできる」ようにするしつけがあると考えられるでしょう。

また、しつけには「立ち居振る舞いのしつけ（型）」と、「道義的なしつけ（心）」の二つのしつけがあることは、すでに述べたとおりです。

幼児期から児童前期にかけては、社会で生きるために身の回りのことを自分でできるように練習し、集団での過ごし方の簡単なルールを学ぶなど、「型」としてのしつけの比重が高いものでした。ですが、児童後期から思春期の時期を迎えると、しつけの重点は「道義的なしつけ」が中心になってきます。

この「道義的なしつけ」とは、「人と共に、人のために」という、人としての正しい道筋にそって、自分で考えられる人間に育てることです。そして、状況に応じて自分で判断し、責任を持って行動できる人間性（独立自治の精神）を伸ばすこと。――これが「道義的なしつけ」の最終目標です。

成長に従って、子どもたちの関心は自分自身から友達、さらに仲間へと広がります。そして児童後期を過ぎると「集団に属する」という意識が強くなり、そこで自分を生かして生きようとする、という発達段階に入ります。そのため、ことにこうした道義的なしつけが心に響く時期です。自分を律して正しい振る舞いができるようになっていれば、周囲と良い関係を結んでいけるのです。

## 人格を尊重された人は、相手の人格も尊重できる

では、自分を律して行動できる人間に育てるには、どのようにふれあうことが大切なのでしょうか。

それには、子どもを信じて「任せる」ということです。「任せる」とは、放任することではありません。手や口を出さずに、心を配って見守ることです。

子どもは努力を命として生まれてきています。ですから、親が過剰な干渉をしないようにしていれば、年齢や発達、能力に応じて自然に「○○したい！」という気持ちが芽生え、夢中になってやりたいことに取り組むようになります。成功して喜びを味わったり、逆に失敗してつまずいたり、そうした体験を繰り返しながら、学んでいきます。

ですから、親がすべきことは、子どもが自ら成長する力を信じて見守り、失敗した時に痛みを受けとめてやさしく励まし、できたことを認めることです。そして、自分の命を輝かせて成長していこうとする姿に、親として自分も学ばせてもらおうと、子どもを尊ぶことです。

先のコラムで紹介した、

「やってみせ　言って聞かせて　させてみて
　ほめてやらねば　人は動かじ」

という道歌を遺した山本五十六は、若い人材を育てることに心を砕き、部下からも非常に慕われた人物だったと伝えられています。この道歌には、実は続きがあります。それをここに紹介してみましょう。

「話し合い　耳を傾け　承認し　任せてやらねば　人は育たず
やっている　姿を感謝で見守って　信頼せねば　人は実らず」

残念なことに、この後半の部分は冒頭の部分に比べて、世にあまり広く知られてはいません。しかし、最後まで読んでこそ、山本五十六の人育てにかける思いがよく伝わってきて、この歌の味わいもさらに深くなるのではないでしょうか。

14

# 「愛の充電」足りていますか？
## ——気づいてほしい、子どもの心の「SOS」

## ★子どもががんばるには「愛の充電」が必要

子どもは日々、学校という社会の一員として過ごしています。仲間に囲まれて過ごすのは子どもにとって楽しいことではありますが、そこでがんばるためにはたくさんの心のエネルギーが必要です。

そのエネルギーを、子どもは家庭の中で蓄えます。安心できる場所で休息することはもちろんのことですが、大きなエネルギー源となるのは毎日の親とのふれあいです。親のふれあいに愛情を感じ、「自分は親に愛されている」「自分は存在する価値がある」と思えると、安心して外で友達と遊んだり勉強したりすることができます。

愛情は、肌のふれあいをとおして感じさせてあげるとよいでしょう。年齢に応じて、赤ちゃんや幼児なら抱っこ、学校に通うころになれば頭をなでる、ほほにふれる、肩を抱く、手をつなぐなど、一日数回のスキンシップで、子どもに「愛の充電」をしましょう。

「行ってらっしゃい」と手を握って送り出せば、子どもは一日中、「心はいつもお母さんと一緒にいる」という安心感に包まれて過ごせるのです。

手から伝わる思いがある

中高生になると親と一緒に過ごす時間が減り、また親からのスキンシップを恥ずかしがってあからさまに避けるようになります。けれども、スキンシップだけに限らず、笑顔を見せる、気持ちを受けとめて話を聞くといったコミュニケーションも、子どもが親の愛情を感じる瞬間です。

「いつでもあなたのことを気にかけているよ」と伝わるよう、その子の年齢や性格、成長の度合いに応じて工夫する心配りをしてあげたいものです。

## ★「愛の充電不足」の表れ方

親の愛情を感じる機会が減ると、子どもは「自分は取るに足らない存在だ」と感じて自信を失ってしまいます。また、何かいやなことがあって強いストレスを感じ、心のエネルギーをたくさん失ってしまうこともあります。すると、毎日いきいきと過ごすことができません。これが「愛の充電不足」の状態です。

子どもはそうした「愛の充電不足」のSOSサインを、いろいろな形で発信してきます。そのサインは、性格によって表れ方が異なります。

### ◎子どもの性格と欲求不満の表れ方

［気の強い子］

・ひがみ……………「どうせ～」などの言葉が増える。ほめ言葉を皮肉に受け取る。

・ひねくれ…………人の言葉を素直に受け取らない。人の親切を「ばかにされた」と取る。

・乱暴

（例）・弟や妹、自分より弱い友達をたたいたり、いじめたりする。

・何かに意地悪をする。

・攻撃的、挑戦的な態度を取る。

・行動が乱暴になる。

気の強い子どもの場合、反抗的な態度として表れる

［気の弱い子］

・弱虫、泣き虫……気持ちがくじけやすく、挑戦する意欲が低い。

・赤ちゃん返り……実際の年齢よりも幼い言動が増える。

（例）・おもらし、指しゃぶりなどを再びするようになる。

・卒業したはずの幼児語でしゃべりだす。

・母親に甘えて、やたらとまとわりつく。後追い。

・何でもないことでもすぐに泣く。

気の弱い子どもは、退行現象が現れる

重要なことは、どちらの表現方法も、子どもからの「もっと愛してほしい！」というサインだということ。子どもにこうしたＳＯＳサインが見られたら、意識して「愛の充電」を心がけたいものです。

ポイントは、肌と心のふれあい、そしてやさしい言葉をかけるという三つのふれあいです。この三つのふれあいで、親の愛情を感じ取ることができた時、子どもは必ずまた元気になって外の世界に飛び出していくはずです。

## ★子どもによって、愛情の必要な量は違う

親が子に愛情表現をする場合に、ちょっとしたコミュニケーションで満足し、さらりと親から離れていける子がいれば、いくら手をかけてもなかなか離れられない子もいます。これには、子どもがもともと持っている気質の違いと同時に、親の性格や言葉づかい、兄弟姉妹との関係など、環境から受ける影響が大きいものです。

たとえば、お母さんがさっぱりした性格か細やかな性格か、また、長男長女はしっかり者、末っ子は甘えん坊といったようなきょうだい順による性格の傾向も出てきます。

繊細で感じやすい子は、少しの刺激に心が疲れ、こまめな「愛の充電」が必要です。親は「こんなに甘えん坊で大丈夫かしら？」と心配かもしれませんが、繊細な子は、半面、とても気のつくやさしい子が多く、周囲を注意深く見る頭の良さを備えているものです。長所と短所は裏表ですから、何が良いとか悪いとかではありません。

とにかく、子どもが求める以上、親はその子のペースや置かれている状況にも気を配り、こまめに愛情を表現しながら徹底してつきあっていくことが大切です。

15

# 大切なのは、「時間の長さ」ではなく、ふれあいの質の高さと、タイミング

# ★親子の心のピントが合う瞬間

働いているお母さんが増え、親子のふれあいの時間が減ったことが子どもの成長に与える影響を指摘する声も多く聞かれます。子どもも塾や習い事が増え、さらに親子の時間が減ったともいわれます。しかし、子育てにおいて重要なのは、ふれあう時間の長さでなく、ふれあいの質の高さ、いわば心理的時間の長さです。短いふれあいのなかでも、しっかり愛情が伝わっていれば、子どもはじゅうぶんな満足感が得られ、親子の間に深い信頼関係が築けるものです。

愛情を伝えるには、タイミングが重要です。そのタイミング、いわば親子の心のピントが合う瞬間は、毎日、最低でも二回は訪れます。一度目は朝起きて親子が顔を合わせた瞬間、次に帰宅して「ただいま」と声をかける瞬間です。

これは、どちらも子どもが親から離れて過ごした時間を終えて、お母さんの愛情を求めてふところに飛び込む瞬間、子どもの心の扉が大きく開いている時です。親にとっても、子どもと長く離れ、新鮮な気持ちでわが子の顔を見るこのタイミングをしっかりとらえて、愛情を伝えましょう。

忘れ物はないね？ よしっ じゃあ 気をつけて いって らっしゃい！
Touch
おっしゃー 行って きまーす！
ただい まーっ
おあった！
おかえりなさい！ おやつ どーぞ 気を付けて 遊びに行ってきてね。 母より
お母さん
……ありがとう

## ★伝え方を工夫する

愛情を伝えるには、子どもの努力を認めて言葉をかけるのが一番です。親はつい、できていないことばかり目について、子どもががんばっていることは当たり前のこととして見過ごしがちです。それでは、子どもの姿を見るとお説教ばかりとなり、子どももおもしろくありません。

逆に、長所を見過ごさずにほめれば、「自分が努力している姿を見てくれている」と親の愛情を実感できます。できていない点を注意するにも「あなたなら、できると信じているよ」と信頼を伝えれば、それに応えようという意欲がわくものです。

子どもの心は、親のふれあい方一つで大きく変わります。ですから、子どもにちょっと気がかりな言動が出てきた時に、自らのふれあい方を振り返ってみることは大切です。もちろん、だからといって、お母さんは「すべて私の責任だ」などと思って落ち込む必要はありません。

子どもの心の中には「伸ばしてもいい心」と「伸ばしてはいけない心」とがあります。お母さんに責任があるとしたら、そのことを知らずにわが子にふれあっていたということだけです。学べば、ふれあい方は変えていけるのです。

【子どものやる気をそぐ言い方】

できていないことを責めても、自ら「やろう」という気持ちにはなりにくい

【子どものやる気を引き出す言い方】

ふあ〜〜
あら？
今朝はまだ顔を洗ってないの？
せっかくの美人がだいなしよ！
いつもちゃんとしているのわかってくれてたんだ！

普段できていることを認めながら伝えると、喜んで行動に移すことができる

16

# 心に届く伝え方は I《アイ》（愛）メッセージ

★16

## ★「あなたは～」より「私は～」のほうが聞きやすい

親は、子どもに注意をするときに、「どうして○○するの！」「○○しなさい！」という、批判や命令する言い方をしがちです。これらの言葉の主語は、「あなた」です。そうした「あなたは～」という相手に向けた言葉は、「今のままのあなたはダメ」と否定するものです。そうした言葉は、だれでも受け入れがたいものです。批判や命令で注意をしても、その時だけ行動を変えさせることはできても、心まで動かすことはできないのです。

一方、「私は心配しているんだよ」「○○されると、私は悲しいわ」という「私」という主語を使った言葉がけを「Ｉメッセージ」といいます。この「私」を主語として自分の気持ちを伝える言葉のほうが、人は受け取りやすいものです。

Ｉメッセージは、別名を「第一感情」といいます。「あなた」が主語のＹｏｕメッセージは「第二感情」と呼ばれます。たとえば、子どもが遅く帰ってきた時、「良かった！」という親の思いが第一感情で、「何をしてたの！」という心配からイライラしていた思いは第二感情です。人がＩメッセージを受け取りやすいのは、心に最初にわいた素直な気持ちだからです。

またマンガ⁉
いいかげんにしなさい！
宿題を先にやってしまいなさい！
まったく何度言えばわかるの⁉
いつもいつもだめ‼だめ‼ばっかり
ぼくの気持ちなんてわかってくれないんだ！
うるさいな‼ほっといてよ‼

ポイント

命令や批判の言葉は子どもを傷つけるので、心に届きにくい。

## ★「I」メッセージは、「愛」メッセージ

つまり、「私」の素直な気持ちを届けるIメッセージは、子どもの心にまっすぐに届いて愛を伝える「愛」メッセージです。

お母さんが子どもに注意をしたくなる（Youメッセージ・第二感情）のは、子どもにすばらしい人間に育ってほしいという愛情（Iメッセージ・第一感情）ゆえです。その愛情が伝われば、子どもの気持ちが安定し、やる気がわいてきます。すると、自然と行動も伴うようになるのです。ですから、同じことを伝えるのであれば、子どもの心に愛情がしっかりと届く伝え方をしたいものですね。

あのね
私ね
お父さんは
好きだけど
お母さんは
きらいなの
おやおや……
それは一体
どうして
なのかな？
だってね
お母さん
たら
私が幼稚園
から帰って
くると——
ただいまー♪
今日はねー
ほら
しゃべって
ないで
さっさと
制服を
脱いで片づけ
なさい！

ショボーン
おっ あゆみ お帰り！
お父さん！
幼稚園は楽しかったかい？
うん！
そうか そりゃあ 良かった！
ところで あゆみ お父さんに 着替えと 制服の片づけ するところを 見せてくれる かい？
あゆみが 上手に 片づけるのを 見たいなー
うん‼ 見ててね！

せっせっ
せっせっ
ちゃんとできたな
ね？上手にできるでしょ？
すごいなぁあゆみ！お父さんビックリしたよ
ちゃんとできてえらいぞ!!
えへっ
上手にできたし散歩に行こうか！
うん！行くー！
よーしじゃあ公園に出発!!

――っていうわけなの
なるほど！そういうことでしたか……
思いが心にとどく伝え方をすれば
子どもはその思いをエネルギーにして自ら輝きだすのですね

子どもが良い行動を取った時に親の喜びをＩメッセージで伝えると、親の思いが伝わり、子どもの心が開きます。そして、子どもも「お父さんやお母さんに、もっと喜んでもらいたい」と、いろんなことに一生懸命励むようになります。

人は生まれながらにして、「人に喜ばれる存在でありたい」「人の役に立ちたい（有能性）」という願いを持っています。ですから、こうしたふれあいを積み重ねて、そうした気持ちを大きく育むといいのです。

17

# 親は子どもの「心」を
# 映す鏡になろう

## ★「わかってもらえた」と感じさせる話の聴き方

幼児のころは、いやなことがあっても、お母さんの胸に抱っこされるだけでつらい気持ちはどこかへ消えてしまったものでした。ところが成長にするにしたがって、お母さんの抱っこだけでは子どもが元気になれない時期も訪れます。そうなってくると、悩みの聞き役としての親の役割はとても重要になります。子どもの心を受けとめ、安心感を与えられる聞き役になってあげたいものですね。

まず、話を聞く時は「子どもが心で感じているそのままの事実」を受けとめ、そのままの言葉で子どもに返します。これは、カウンセリングにも用いられる「心を聴く」方法です。子どもの心を聴き、お母さんの波立たない心の鏡に子どもの心をそのまま映して、子どもに見せてあげるのです。そのために、お母さんは素直な心で、子どもが今何を考え、望んでいるかと、真摯《しんし》に耳を傾けましょう。

では、子どもの思いを受けとめ、心に寄り添って話を聞くためのポイントをいくつか知っておきましょう。

## 子どもに わかってもらえた♥ と感じさせる話の聴き方

★手を止めて、しっかり顔を見合わせて話を聴く

★顔を見ながら相づちを打つ

★子どもの気持ちをそのまま受けとめて、返す

★子どもが使った言葉をそのまま使って返すと、「ありのままの気持ちを理解してもらえた」とより強く感じられる

よしこちゃんの足に
つまずいて
蹴っちゃったの
わざとじゃないのに
よしこちゃんたら
十回くらい
蹴り返したんだよ！
いじわるなんだよ！
もう絶交する！
うん
うん
痛かったね
悲しかったね
そう
だったの
わざとじゃ
ないのにって
思ったのね

## ★「事実」ではなく、「心」を聴く

講演会などで「子どもの心をそのまま受けとめる」という話をすると、「子どもは自分に都合のいいように話をするから、ただ子どもの話をうのみにしていてはいけないのでは……?」

という質問をされるお母さんがいらっしゃいます。実際に、子どもは自分の都合やものの見方だけで話をします。子どもはまだ視野が狭く、他人の心情に対する想像力がじゅうぶんに育っていないので、そうした物事の受けとめ方や話し方しかできないのは当然です。そうした子どもの心の特徴や発達をちゃんと踏まえておくことは、親として必要なことです。

しかし、子どもの悩みを聞く時に大切なことは「事実を聞く」ことではなく、「心を聴く」「気持ちを受けとめる」ことです。つまり、客観的事実はさておき、子どもはこのように感じたということを、否定せずに認めるのです。

こうした話の聞き方をしてもらえると、子どもは「ありのままの自分を理解してもらえた」と感じて、心がとても安定します。否定されずに自分を受け入れてもらえるという体験は、人の心をとても勇気づけるものです。

## ★何でも自由に言える存在になる

逆に、子どもが気持ちを受けとめてほしくて話をした時に、「あなたのそういう態度がいけないのよ」「相手の気持ちを考えなくちゃダメじゃないの」などとお母さんの価値観をあてはめて追及すると、子どもは傷つきます。「今のままのあなたではいけない」「正しくなければならない」というメッセージになるからです。

もしも子どもが、「いやなことはいや」と、一番身近なお母さんにすら言えないとしたら、それはとても苦しいことではないでしょうか。

りんごジュース
どう？少し落ち着いた？
うんもう大丈夫
それにしてもあなたたちがケンカなんて珍しいね
うん……
よしこちゃんどうしたんだろうね？いつもはそんなことするような子じゃないよね
あ……

もしかしたらいじわるしたんじゃなくてびっくりして無意識にやったのかもしれないね
ぶつかったのが痛すぎてなかなか気持ちがおさまらなかったのかもしれない
誰よりも仲良しのあなたたちだものいつものよしこちゃんだったら
そんなことしないってことあなたが一番よく知ってるんじゃない？
それともさちこはよしこちゃんが根っからいじわるな子だと思う？

そんなこと ない！
よしこちゃんは いつも やさしくて……！
明日 よしこちゃんに 会えたら
ちゃんと仲直り できるといいね
……
明日 学校で
はぁ はぁ…
よしこ ちゃんに 会ったら ……
よしこちゃーーん
ちゃんと 仲直り できたら いいな……

# ★誘い水になる投げかけを

子どもの悩みに耳を傾ける時、気持ちを丸ごと受けとめることがまず大切ではあるのですが、子どもが悩みを解決し、問題を克服できるように教え導くことも、親の大切な役目です。それには、やはり一方的に親の考えを押しつけるのではうまくいきません。子どもに自分で考えさせるふれあいをしましょう。

たとえば子どもが友達とけんかをしてきた時であれば、「相手の気持ちを考えなくてはダメよ」ではなく、「その時、相手はどんな気持ちだったのかしらね」と問いかけ、子ども自身の感じる心をやさしく呼び起こすのです。そして、子ども自身に「相手を傷つけることをして、悪かったな」と気づかせて「ちゃんと謝って、仲直りしよう」と決めさせて、行動させることが大切なのです。

そのためにも、まずはしっかりと子どもの心を受けとめることが大切なのです。お母さんにありのままの自分を認めてもらえているという安心感があればこそ、そうしたふれあいが生きてくるのです。

★18

# 自分で行動したことや
# 人にしてもらったことは
# 心に刻まれる

## ★言って聞かせるより、心に感じさせるふれあいを

自分から行動できる子どもに育てるためには、親は言葉で教えこもうとするよりも、心に感じさせ、「そうしよう」という気持ちがわきあがるようにふれあうことが大切です。

人間は、たとえ大人になっても、「〇〇することは大切」という知識や「〇〇すべき」という理性だけでは、行動に移すことができません。じっとしていられないという感情が動いて、初めて行動を起こすものです。また、子どもというものは、人から聞いたことは忘れやすいのですが、自分で体験して味わったことや、人から身をもって教えられたことは心に残ります。

ですから、親が一方的に指示するばかりでは、指示しなければ何もできない人間に育ってしまいます。これは、子どもを育てるうえで、知っておきたい大切なことです。

たとえば子どもにお手伝いを進んでやってほしいのなら、いちいち指示したり叱ったりするのは逆効果。それよりも、たまたま自発的にやった瞬間をとらえて「お手伝いしてくれてありがとう」とできたことをお母さんが認め、共に喜びを味わってやることが大切です。すると、その時に感じた喜びや誇らしさが心に刻まれて「またやろう」という意欲となります。

おはよう！
まだ目が覚めないの？
ぼーーっ
お……
……はよ
——翌日
おはよう！
おはよ～
——その翌日
おはようございます！
あ…
おはよう！
自分から先にあいさつできたぞ！
気持ちいいなぁ！

ポイント

百回「やりなさい」「○○すべき」と言うよりも、子ども自身に一度体験させることのほうが、よほど子どもの心に届く。

★18

## ★人にしてもらったことは、自然にできるようになる

人にしてもらってうれしかったという体験も、子どもの心には強く響きます。人間はもともと、「自分のしたことで人に喜ばれると、うれしい」と感じるので、自分がしてもらってうれしかったことは、進んで他の人にするようになります。

ですから、やさしい子どもに育ってほしいと願うならば親自身が子どもにやさしいふれあいを心がけ、約束を守る子どもに育ってほしいならば、親自身が日頃から子どもとの小さな約束もきちんと守るようにすればよいのです。

子育てエッセイ④

# 母は心のふるさと

## 「お母さん」という呼びかけ

「お母さん」という言葉を聞いて、みなさんはどんなことを感じますか？　幼いころのなつかしい思い出がよみがえって、心が温かな思いに満たされるという人が多いのではないでしょうか。もしくは、母の面影を切ない気持ちで思い出す人もいることでしょう。

言葉には、「記号的意味」と「情緒的意味」という二つの意味があります。

記号的意味とは、たとえばこの「お母さん」という言葉では、「母親」「血縁関係のある女性」「子を養育する女性」という、事実としての意味をさします。

もう一方の情緒的意味とは、そうした事実としての意味ではなく、人が言葉から感じるイメージとしての意味をさします。つまり、人が母というものに対して抱く、「温かい」「やさしい」「なつかしい」「笑顔」などといったイメージのことです。

星の数ほどある日本語のなかで、この「お母さん」という言葉は最も情緒的意味の多い言葉の一つだといわれます。「お母さん」という言葉は、それほど強く人の心を揺さぶる言葉なのです。

人は、幼いころからうれしいにつけ悲しいにつけ「お母さん」と呼びかけて育ちます。「お母さん」と呼びかける子どもの声は、子どもとお母さんの間にだけ通じあう思いをたたえた、美しい響きです。そこには、他のだれにもわからないなつかしさがこもっています。そうしたふれあいをとおし、お母さんと気持ちを通いあわせてきた無数の体験が、その言葉を耳にするだけで心を潤す情感を育むのでしょう。

## 心の還る場所は、母のふところ

子どもにとっての「理想の母」とは、どういうものでしょうか。

「理想の母」というと、いつでも笑顔でおおらかな、一点の非の打ちどころもない存在のように聞こえるかもしれませんが、決してそうではないのです。「理想の母」とは、私たち一人一人の心に宿る、「お母さん」と呼びかけたなつかしい思い出の中にある母の姿であろうと思います。

「かわいくてしかたがない」という気持ちをこめて自分を見つめていたまなざしや、悲しい時にぎゅっと抱きしめてくれた胸、やさしく髪をすく手、一生懸命にご飯を作ってくれていた後ろ姿……。そんな、なつかしい思い出の中に生きるお母さんです。

以前、私たちの研究所が行った講演会で、三人の娘さんを育てているお母さんが「理想の母」について問われ、こんな思いを語られたそうです。

「私は、とても理想の母にはなれませんが、なれないままに、なりたいと努力してゆく母でありたい。いつか、子どもたちが私のことを、努力していた母だったと知ってくれた時、私は理想の母となるでしょう」

実際のお母さんが、多少おっちょこちょいであっても、苦手なことがあっても、つい子どもを感情的に怒ったりすることがあってもいいのです。大切なのは、日々のふれあいのなかで、子どもの願いに気づこう、子どもが高く羽ばたけるように風を送ってやろうという思いをこめることです。この思いは言葉にせずとも必ず子どもの心に届き、暮らしの場面に息づくやさしい母の姿に重なって、人の心に温かな思い出として刻まれます。そして、大きな安らぎとなって根づいていきます。

この安らぎを心に持って成長した人は、本当に幸せです。その人は、つらいことがあって心が乱れる時にも、心の還る場所を持っているからです。温かな「愛された記憶」は、人が人生で自分を見失いそうな時に危機を救う、最後の砦《とりで》となるものです。

19

# お父さんの出番です！①

## ★家庭の基盤は夫婦

子どもは、お父さんとお母さんの両方がいないと、生まれてきません。けれど、なかには「子育ても家の中のことも全部、おまえに任せた！」と、何もかもお母さんに任せっきりで、子どもの成長にあまり関心がなく、そのために何ができるかをほとんど考えないお父さんも多いようです。

不登校問題に長く関わってきた教育カウンセラーの田中登志道氏は、著書『不登校からの出発』に「お父さんは、子どもの問題に関しては、お母さんに比べて一周遅れのランナーのようなもの」といった内容のことを書いておられました。確かに、日々、子どもの世話を焼くお母さんに比べて、お父さんは子どもとの関わりは多くはありません。

家庭の中でのお父さんの役割・お母さんの役割は、その家庭ごとに大きく違うものです。また、時代の移り変わりによっても変化してきました。しかし、基本は互いに協力して家庭を営み、子どもにとってより良い環境を整えていくことです。夫婦の心が通じ合い、足並みが揃ってこそ、家庭はうまく機能するのです。

★19

お母さんの朝は
誰よりも早い――
6:00
起床
ボーッ
朝食準備
弁当作り
家族を起こす
おきなさーい
見送り
いってらっしゃーい
洗濯
掃除
買物
子供の帰宅
おかえりー
14:00
夕飯の仕度
食事
子供の世話
夫の帰宅
おつかれさま
22:00

★19

どこの家でも
「お母さん業」は
まるで24時間営業の
コンビニエンス
ストア

家族のさまざまな
要求にいつでも
応じるという
それはそれは大変な
仕事です

最近では
夫婦共働きの
家庭も増えました

ところが家庭内は
「共働き」とはいかず
ただ妻の負担だけが
増えたというのが
現実のようです

お母さんが
何でも一人で
背負って
しまうと……
心にゆとりが
なくなり
子どもの声に
耳を傾けられなく
なります
もうイヤ…
そんな時は
お父さんの出番です!!
へっ?!
オレ?
そうそう
アナタですよ！

とはいえ
今の日本では
お父さんが
「子育て」を理由に
早く帰宅するなど
なかなか難しいのが
現実でしょう
遅れちゃう〜
むかしむかし
あるところに
保育園おむかえ
それでも
やはり
お父さんの
協力は不可欠!!
夫婦が力を
合わせてこその
家庭です
ついでにゴミ捨ててくるよ
いってきまーす
燃やすゴミ
では
お父さんは
家庭でどんな
役割を担えば
よいのでしょうか？

## ★お父さんは最初の遊び相手

幼児期の子どもは、日々、身の回りの世話をしてくれるお母さんの存在を、肌をとおして伝わるぬくもりから感じています。それに対して、お父さんの存在は光、すなわち明るさを与えてくれる人です。なかでも幼児期の子どもの心に最初に刻まれるのは、遊び相手としてのお父さんです。

もちろん、お母さんも毎日のように子どもの遊び相手にはなっていますが、お父さんの遊び方はお母さんとの遊びと違って、身体を使ったスケールの大きさが特徴です。大胆に〝高い高い〟をしたり、肩車でスリルを感じさせたり、ボール遊びをするにもお母さんよりも強い力で投げたりと、日頃は味わえない躍動感のある楽しさや、わくわくした気持ちを子どもに抱かせます。

お父さんとの遊びのなかで、子どもが怖がって尻込みすることもあるでしょう。そうした時、お父さんが「そんな意気地なしでどうする！」などと無理強いすると、せっかくのお父さんとのふれあいが苦痛になってしまうこともあります。

そうならないように、子どものペースにじっくりとつきあって、「大丈夫。必ずできるようになるよ」と忍耐強く励ましてあげましょう。頼もしい存在であるお父さんの励ましで、できなかったことをやり遂げた成功体験を味わえると、何にでも挑戦してみようという意欲が育ちます。すると、友達との集団遊びをする年齢になった時、少しのことでくじけずに、がんばってみんなの遊びについていこうとする意欲や自信がじゅうぶんに育ちます。

## ★お父さんの出番を作る工夫を

お父さんが子どものために何かをしてあげる機会があると、子どもの心にお父さんを頼りにする気持ちが生まれます。それがお父さんの得意なことなら、なおさら、子どもはお父さんを頼もしく思うことでしょう。ですから、子どもはお父さんも子どもと一緒にお風呂に入ったり、勉強を教えたりなどして、日常的に少しでも子どもに対するお父さんの出番を作りましょう。

また、子どもと関わって毎日の生活や体の様子がわかってくると、お父さん自身がこれまでよりずっと子どもを身近に感じ、成長にも興味がわいてきます。すると、子育てをお母さん任せにしている時よりも家族の会話も弾み、家で過ごす時間が楽しくなるはずです。

ちょっとした子どもの世話を頼めば、お父さんと子どものスキンシップも生まれる

この問題わからない〜!!
あら算数はお父さんに聞くといいわ
どれどれどこがわからないんだ?
ここはこうすると…ほらこうなるでしょ
あ!そうか!!
できたーお父さんありがとう!!
わからない問題があればいつでも持っておいで
文章題が苦手そうだし国語も見てあげるよ
よかったね!

20

# お父さんの出番です！②

## ★家庭から切り離されているお父さん

昔の日本では、お父さんが額に汗して働く姿を家族が目にすることも多いものでした。子どもはその姿に働くことの尊さを学び、親への感謝の心を抱きました。

ところが、近代の産業構造の変化によって家庭と職場が切り離され、いまや、子どもたちが父親の働く姿を見ることはほとんどありません。たまの休日に疲れを取るためにゴロゴロしている姿しか見ていないのでは、父親への尊敬の思いが自然に生まれることなど難しいものです。

しかし、子どもの成長にとって、父親の存在感を心に刻むことはとても大切です。では家庭で、また子どもに対して、お父さんが担える役割とはどういうものでしょうか。

## ★働くことの尊さや社会の仕組みを伝える

先にもふれたように、現代では子どもがお父さんの働く姿を見る機会はほとんどありません。そのために子どもが、働くことの大変さや尊さ、父親が働いて家庭を支えてくれていることへ

★20

の感謝をする機会が失われています。こうなると、子どもは将来、自分が社会で仕事をして活躍する自分の姿を思い描くことが難しいでしょう。

最近では、多くの小中学校で「勤労体験」などの体験授業を設け、働くことの大切さや社会の仕組みを伝えようとしています。家庭でも折にふれてそうしたことを親子で話し合ってみることが大切でしょう。そうした時こそ、お父さんの出番です。自らの体験をとおして、子どもに社会の仕組みや様子を伝え、また人のため、社会のために役立つ生き方をすることのすばらしさや喜びを伝えるとよいでしょう。

それと同時に、お母さんは日頃から、お父さんが働いて家族を支えてくれることへの感謝を、折にふれて子どもに伝えてほしいのです。最近は共働きの家庭も増えていますが、主な働き手が夫という場合であれば、自分たちの日々の食事も、衣服も、お父さんの働きに支えられている場合が多いでしょう。また、経済的には二本柱であっても、家庭の基盤である夫婦として、お母さんがお父さんを頼りに思っていることは、折にふれて子どもに伝えてほしいのです。大好きなお母さんがお父さんを頼りに思い、尊敬していると、子どももまた自然に父親への尊敬の気持ちを抱くようになります。すると、お父さん自身の父親としての自覚もまた、いっそう強くなっていくものです。

## ★時に、毅然として子どもに立ちふさがる存在に

「地震、雷、火事、親父」という言葉に登場する、いわゆるちょっと気難しくて怖いがんこ親父の姿を、近頃ではすっかり見かけなくなりました。しかし、このがんこ親父の存在は、実は子どもの成長にとって大切な役割があります。

たとえ子どもでも、学校などの「社会」の中で生活しています。そこで、理不尽なことにも多く出合います。納得できなくとも、自分の思いや望みはのみ込んで、他人の意向や集団のルールに従わねばならないこともあります。お父さんには、そうしたことへの練習台として、時に子どもに立ちふさがる「壁」となってほしいのです。

しかしそれは、親の勝手な感情をぶつけて叱り飛ばす、といったことではありません。ちょっとがんこにルールを守らせるなどといったようなことです。

一見、嫌われ役のようで損な役回りに思えるかもしれませんが、安心できる家庭の中でがまん強さを培うことは、実はとても大切なことです。

今の日本では、子どもの日常的な欲求を満たすことはそう難しくありません。裏を返せば、

★20

それは子どものがまん強さが育ちにくい環境ともいえます。私たち大人は、「子どもの欲求をすべてかなえないこと」が子どもの忍耐力を育てるのだということを、じっくり考えなおす必要があるのではないでしょうか。家庭内でのお父さんとは、そうしたことを子どもに身をもって伝える、とても大切なキーパーソンなのです。

ただ、お父さんと子どもとの関係は母と子の関係よりも距離があります。そのために、子どもの成長を思えばこそ、というお父さんの真意が子どもに伝わりにくい場合もあるでしょう。そういう時は、お母さんの出番です。お母さんはできるだけ、お父さんの言葉や行動の意味、子どもを思う温かな気持ちを子どもにわかりやすく伝えるようにしましょう。お母さんのそうしたサポートによってお父さんと子どもの心が近づき、お父さんのしつけもより強く子どもの心に響くものです。

**ポイント**

お父さんと子どもの心をつなぐ架け橋となるふれあいは、お母さんの大切な役目。

ダメなものは
ダメなんだよ
……
お父さんはね
あなたを大切に思うからこそ叱るのよ
そうか
うん…
お父さんはぼくのために叱ったんだ……
ごめんなさい…
わかってくれればいいんだよ

## ★父の背中が、男の子の手本

規律を重んじる、困難に正面から立ち向かう、弱い存在を守る――。お父さんの存在感は、肌のぬくもりで伝わるお母さんの慈愛とは違い、その後ろ姿で示されることが多いもの。子どもは日頃のお父さんの行動を見て頼もしさを感じ、安心感を覚えます。ことに男の子であれば、お父さんは最も身近なお手本で、「お父さんのようになりたい」と憧れを抱く存在です。

つまり「こんな子どもになってほしい」と願うのであれば、お父さん自身がその姿のお手本となるように行動するのが一番の近道なのです。特に、思春期を迎えるころになると、これまでは怖れから父親の言うことを聞いていた子も、ただ叱るだけでは言うことを聞かなくなります。その時期に子どもの心に響くのは、言葉での叱責や説教よりも、お父さんの日頃の言動なのです。

「こんな人間に育ってほしい」と願う姿に、お父さん自身がなる。背中で導く父のしつけが、子どもの心に深い尊敬と信頼を育む

21

# 子どもが安心して過ごせる家庭づくり

## ★けんかの絶えない家では、子どもは安心できない

家庭は、心と体を休ませ、一日の疲れを癒やす場所です。もしその家庭内で夫婦のけんかが絶えないとしたら、子どもにとってはとてもつらく、不安なことです。育った環境が違う夫と妻の間では、意見の食い違いや多少のけんかはあって当然。しかし、それが四六時中ともなると、話は別です。

絶えず怒声に囲まれて過ごすと、子どもは不安感が高まり、強い恐怖心が生まれます。親を怒らせないように「自分はいつもいい子にしていなくては」と無理をするようになります。また「自分が悪い子だから、けんかするのかもしれない」と自分を責めるようにもなります。そして、「自分さえがんばれば、がまんすれば、けんかにならないんだ」と小さな心を痛め、自然にわいてくる感情を抑えるようになるのです。

そうした状況では、本来、家庭という安心できる場所で培われる「ありのままの自分でいい」という自己肯定感が低くなります。すると、友達と元気に遊んだり、何かに挑戦したりする意欲もまた低くなります。

またケンカしてる…
何だよ その言い草は！
何だじゃないわよ!! だいたいあなたが……！
こわい…… もうイヤだ
何も見たくない…… 聞きたくない……
うるさいなあ！
おい！
やめろって言ってるだろ？
ビクッ

ポイント

不安感や恐怖心が高まると自己肯定感が低くなる。

## ★相手の気持ちがわかれば、やさしくなれる

夫婦間で価値観の違いがあるのはしかたないことですが、大切なのは、意見がぶつかった時にきちんと話し合い、お互いの気持ちを伝え、受けとめあうことです。これは、子どもの気持ちを受けとめる時のコミュニケーションと同じです。

不思議なことに、相手の思いがわかると自然とやさしい気持ちがわいてくるものです。それは、独りよがりな思いで相手に腹を立てている時よりも、ずっと心が楽になるからです。

もし、相手への不満があるのに率直に話し合おうとせず、表面だけ取り繕って裏でかげ口や愚痴を言っていると、子どもに良くない影響を与えます。そうしたことを繰り返すと、子どもは両親の関係に不安を覚え、親や大人に対する不信感を募らせるようになってしまいます。

★21

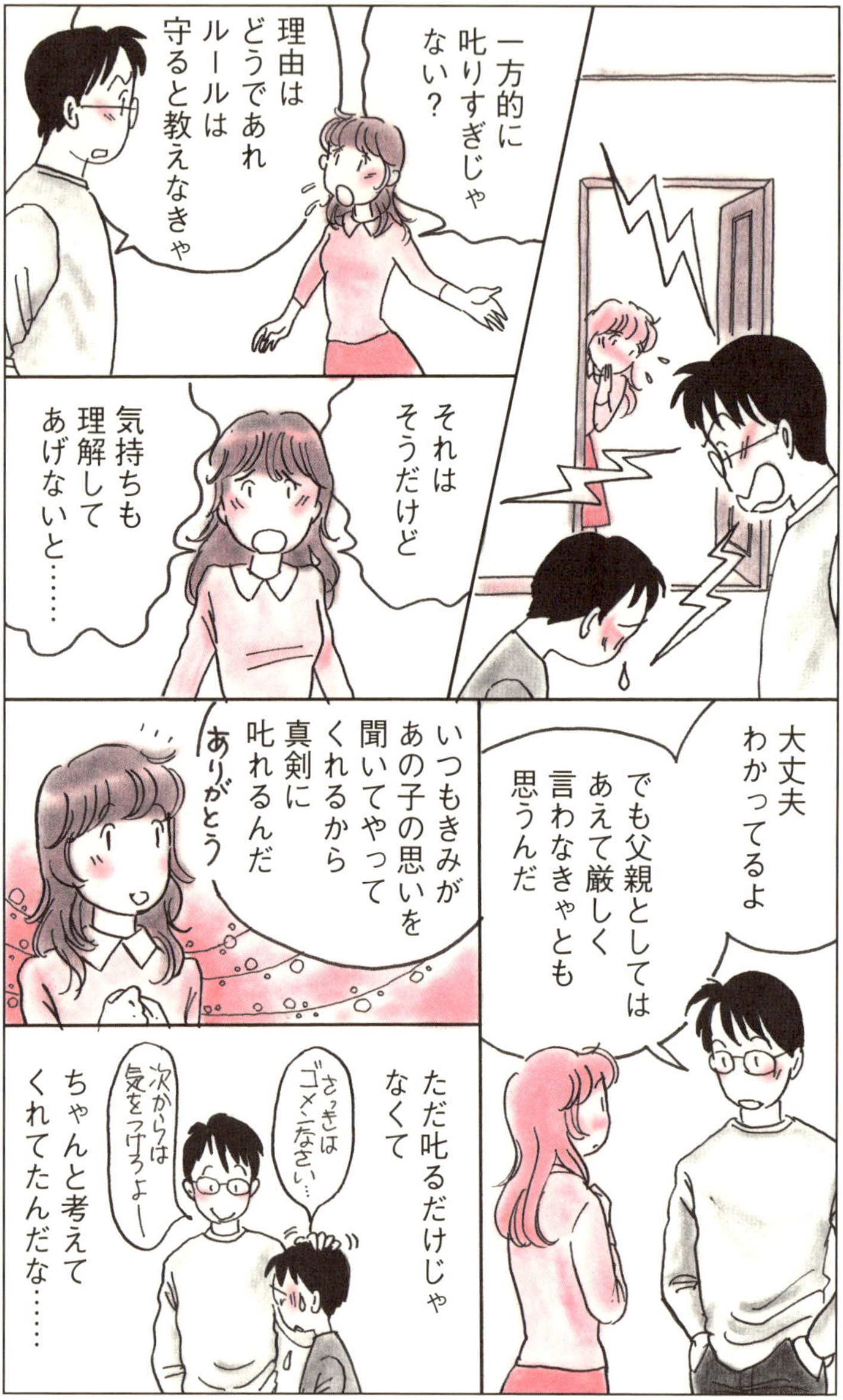
一方的に叱りすぎじゃない？
理由はどうであれルールは守ると教えなきゃ
それはそうだけど
気持ちも理解してあげないと……
大丈夫わかってるよ
でも父親としてはあえて厳しく言わなきゃとも思うんだ
いつもきみがあの子の思いを聞いてやってくれるから真剣に叱れるんだ
ありがとう
ただ叱るだけじゃなくて
さっきはゴメンなさい…
次からは気をつけろよー
ちゃんと考えてくれてたんだな……

ポイント

相手の立場や考えを理解して思いを受けとめあうと、怒りがおさまって相手にやさしい気持ちになれる。

大人は、子どもが友達とけんかしてくると、「ちゃんと話し合って解決しましょう」と諭します。けれど、もしも親自身が夫婦でそうした関係づくりができていないなら、その言葉は何の説得力も持たないでしょう。もし、本当に子どもにそう行動してほしいなら、まず親が身をもってその手本を示すことです。

もしも、両親が時にけんかをしたとしても、お互いをわかりあうために真剣に話し合い、最終的に許しあって笑顔になれるとしたら、子どもはそうした姿から、多くのことを学ぶでしょう。そうした両親の姿は、「意見が食い違うことは悪いことではなく、そこから歩み寄り、互いに許しあうことが大切」という、何よりの生きた教科書です。

★21

22

# 子育ては夫婦二人三脚で

## ★夫は妻の心の支えに

子どもに一番身近でふれあい、日常のささいなことから大きな問題まで、何かと心を砕き、また悩んだりするのは、お母さんです。そんなお母さんにとって、子育てのパートナーであるお父さんにつらい気持ちを聞いてもらえることは、何よりの力になります。それだけで、またがんばる力がわいてくるものです。

けれど、もしお父さんが「子育てはキミに任せている」という姿勢でいて、お母さんの話に耳を傾けないでいたり、「しっかりしてくれないと困る」などと言って文句をつけたりするようでは、お母さんの疲れやつらさは倍増します。悩みそのものの重さに加え、気持ちを受けとめてもらえなかった孤独感で、心の傷がより深くなるのです。

また反対に、お母さんから子育ての悩みを聞いた時に、有無を言わさぬ勢いで子どもを叱り飛ばすお父さんもいることでしょう。しかし、それではかえって問題をこじれさせてしまうこともあり、お母さんの心労が増えるばかりか、お母さんは子どものことでお父さんにうっかり愚痴もこぼせなくなります。

★22

◎お母さんの心を傷つけるお父さんの言動◎

## ★夫に子育て参加してもらうために

では、夫にも子育てに協力してもらうには、どうすればよいのでしょうか。それにはまず、妻に心を開いて話をしようと思える関係づくりを、お母さん自身が日頃から心がけるしかありません。

仕事で疲れて帰ってきた夫にとって、家庭は安らげる場所であってほしいものです。そうでなければ、仕事の疲れも取れず、明日からまたがんばって働いて家族を養っていこうという意欲はわいてきません。ところが、妻が日頃から何かと愚痴っぽい態度でいると、夫もつい警戒してしまって、距離を置きたくなるものです。

まして、やっと安心できるわが家でくつろいでいる時に、「いいわね、あなたは仕事から帰ればそうしてゴロゴロできるんだもの」などと子どもの前で言われようものなら、父としての面目は丸つぶれ。これでは、妻の言葉に耳を傾けたくなくなるのも無理はありません。

「魚心あれば水心」とはよく言ったもので、まず妻のほうから帰宅した夫に労《ねぎら》いの一言をかければ、夫の心にも妻への労いと感謝の気持ちが生まれるのです。

★22

ただいまー☆
お帰りなさい お疲れ様
いつも遅くまで大変ね……
疲れたまってない？大丈夫？
お前こそ毎日遅くまで大変だろう？いつもつきあわせて悪いな
うーんウマイ♡
なんだかんだ言ってもやっぱり家が一番落ち着くんだよなー

ねえ ちょっと聞いて ほしいことが あるんだけど
食事中に ゴメンなさい
ん? どうした?
Beer
○子ったら… もう私が言っても ダメなのよ~
それは 大変 だったな
うん うん
明日 ぼくからも 話してみるよ
ありがとう!
聞いてもらった だけで気持ちが すごく楽に なったわー
そりゃあ 良かった!

## ★一人親での子育て

わけあって、一人親で子育てをすることになる人もいます。母親、もしくは父親が一人で子どもを育てるということは、二人分の役割を一人で担うこととなり、その責任を重く感じることも多いでしょう。「一人親だからといって、不自由な思いをさせたくない」という思いもあるでしょうが、子どもにとって、大好きなお母さんやお父さんの気持ちがいつも張りつめていることは、とても切ないことです。何もかもを一人で抱え込むと、苦しくなります。大切なのは、日々、親が子どもと共に過ごせる幸せをかみしめること。子ども自身の困難に立ち向かう力を信じて、時には親自身が肩の力を抜いてみることも、必要なことです。

ただ、子どもが思春期を迎える年齢になると、男女とも、自分の生き方の手本になるような同性の大人とのふれあいを求める時期が必ず訪れます。そうした時は、祖父母やおじ、おばなどの力を借りたり、あるいは地域での人間関係に求めたりする工夫も必要です。そうしたふれあいをとおして、親自身が悩みを打ち明けることのできるような、心を許せる人間関係を築いていくこともできるでしょう。

## ★「あなたは祝福されて生まれた命」

両親が離婚した子どもは、自分の出生について疑問を抱くことが多いようです。なぜ両親は離婚したのか、自分が生まれてきたから親は苦労しているのではないかと悩み、苦しむのです。そうした子どもの悩みが深くならないように、気をつけたいことがいくつかあります。

**①元夫（妻）と子どもが会う機会を妨げない。**

離婚しても、子どもにとっては親は親。子ども自身が望むなら、会う機会を妨げないこと。

**②元夫（妻）の悪口を言わない。**

離婚に至る過程はどうあれ、子どもの前で離婚した相手を悪く言うのは避けましょう。これは、子どもを引き取った親の側の祖父母にも、心がけてほしいことです。

**③「あなたは祝福されて生まれた命」だと伝える。**

離婚に至るまでにたとえつらいことがあったとしても、一時は互いに相手を大切に思い、縁あって夫婦となった二人の間に生まれた、かけがえのない命だと子どもに伝えましょう。「自分は喜ばれてこの世に誕生した」という確信は、生涯、彼らの人生を支えます。

★22

23

# 祖父母は大切な協力者

## ★祖父母は孫に甘いもの

祖父母にとって、孫はかわいくてしかたのない存在です。そこで、つい甘やかすことも多くなるものです。ところが、そうした孫を甘やかす祖父母と、子どものしつけの「責任者」として「きちんとしつけをしたい」と考えるお母さんとの行き違いは、子育てでの大きな問題の一つです。

お母さんが、はっきりと「〇〇するのは、やめてほしい」と言えれば楽なのですが、祖父母の気持ちを考えるとなかなか伝えにくいこともあるでしょう。その果てに、孫をめぐって親世代と祖父母世代の不和が起こることすらあります。

孫を かわいがって くれるのは うれしいんだ けれど……
私たちはよく お母さん方から 祖父母との関係についての 相談を受けます。
あるお母さんから こんな悩みが寄せられ ました――
おはよう！ あら？
ばあば おはよう！
はい おはよう

今朝も一人で起きれたねぇ
はいごほうび
あ！イチゴ味のアメだ！
CANDY
パクッ
おいしい〜
がんばったら明日もごほうびね
あっ！
またやってる！
朝食前にアメを食べるので当然、ご飯も進まなくて……
でも原因が姑だけにどうすればいいのか……頭が痛くて

★23

## ★ルールは一つに――決め方のコツ

お母さんと祖父母の間でしょっちゅう意見が対立すると、子どもは混乱し、下手をすると、甘やかしてくれる祖父母の言うことばかり聞くようになります。これでは、人として成長するためのしつけができなくなってしまいます。

大切なことは、家庭のルールは一つにすること。そのためには、お母さんは言いにくいことでも、「私がわが子のしつけの責任者」と心を決めて、祖父母世代と話し合いをしてみましょう。

そうした時、コミュニケーションを上手に取るためのポイントがあります。それは、

①まずは祖父母の孫への思いをくみ、かわいがってくれることへの感謝を伝える。
②そのうえで、してほしくないことは「子どものため」と頭を下げてお願いする。

ということです。

今日もがんばったねー
はいあ〜ん
ちょっと待った!!
朝からアメはやめてください!
朝食が食べられなくなります!
しつけに悪いですから!
〝しつけ〟か!
私がごほうびあげる前は自分で起きることすらさせられんかったでしょ!?
ムキキ
バチバチ

★
23

お義母《かあ》さんのおかげであの子も早起きになって
ありがとうございます
まだごほうび目当てやけどね
でもがんばって早起き続けてるねぇ
うふふふ
毎日ほめてもらえてうれしそうですよ！
ただアメは朝食後に食べるよう教えてもらえませんか？お義母さんの言うことなら聞くと思うんです
それもそうだね
ご飯をしっかり食べてからって伝えるわ任せといて！

たとえ母親としては困ることがあるとしても、「かわいくてしかたがない」と一心に愛してくれる祖父母は、子どもにとって貴重な存在です。しつけの責任者の母親が四六時中甘やかしていては問題ですが、しつけから一歩退いている祖父母は、心の休憩所になります。こうしたゆったり抱えて愛されたことのある子どもは、愛情豊かなおおらかな子どもに育つものです。

## ★お年寄りの知恵を尊重する

もう一つ、祖父母とのコミュニケーションを上手に取るコツは「お年寄りの知恵を尊重する」ことです。

祖父母は親として、人間としての先輩です。自分との間に「昔とは時代が違う」という言葉だけではくくれないほどの経験の差があります。その知恵に倣《なら》うことは、お母さん自身を豊かにすることでもあります。婚家のやり方やしきたりに従うことは、違う文化で育ってきた自分を全否定することではありません。ルールは受け継いでも、嫁いだお母さん自身が家事や育児を担うのですから、日々、新しい風が吹き込まれます。世代や文化の違いを超えて、上手にお年寄りの知恵を取り入れましょう。

★23

24

# 「子育て応援団」を増やそう

## ★SOSを発信できる仲間を持つ

家族は、互いの存在が近すぎるだけに、一度問題が起こると関係がこじれ、かえって解決の糸口が見えにくくなるものです。こうした時は、家庭に外の風を入れて風通しを良くすると、絡まっていた問題がほぐれていくことがあります。

家庭の風通しを良くするには、たとえば同じ年代の子どもを持つ母親と話をしてみることです。「みんな同じような問題で悩んだりするんだな」などと感じられて、少し気持ちが楽になり、よいコミュニケーションが取れるようになります。

大切なのは、お母さんが家に閉じこもって一人で悩まないこと。この苦しい状態がずっと続くような思いになってしまうからです。けれど、勇気を出して外に助けを求めてみれば、外にはたくさんの「子育て応援団」がいることに気づけるはずです。

たとえば、お母さんの大先輩である実家の母親や、近所の先輩お母さん、同年代の子どもを持つママ友達――みんなそれぞれの立場でアドバイスもくれるでしょう。何より、「私は独りじゃない」とわかるだけで、気持ちがぐっと楽になるはずです。

## ★地域の大きな輪の中で

核家族が増え、地域の絆が弱くなった今の日本では、お母さん一人に子育ての負担がのしかかっています。これでは、お母さんの神経が参っても当然です。子育てをめぐる悲しい事件や事故の背景には、子育てのつらさや悩みをだれにも相談できずに行き詰まっていった母親たちの孤独が見え隠れしています。

昔の日本は、村単位で子育てをしていました。「みんなで地域の子どもを育てる」という連帯感があり、年代も性別も様々に入り交じった、ゆるやかな地縁の輪に、親子は抱かれていたのです。今の日本で子育てをするには、意識してそうした

関係づくりをすることも大切かもしれません。

さて、親子で思い切って家の外に出てみると、どうでしょう。近所のおばあちゃん、お店の店員さん、同じ年代の親子……。子ども連れというだけで、多くの人から声をかけられませんか？　それは、子どもの屈託のなさが人を引きつけるから。また、子どもが学校に通うようになれば、学校での人間関係も生まれます。親である私たちは、いわば、子どもによって地域と結びつけられていくといっていいのです。

学童期以降になれば、親以外の大人から温かな視線を注がれて育つことは、子ども自身の社会への信頼感や参加意識を育てます。地縁とのつながりは、互いに助けあえる社会づくり・社会参加の第一歩です。

★24

子育てエッセイ⑤

# 子どもは未来社会からの留学生

## お手伝いで子どもが学ぶこと

「お姉ちゃんは本当によくお手伝いをしてくれて、小さい妹たちの面倒もよく見てくれるんです。この子がいなくちゃ、私、毎日てんてこ舞いで……」

そう笑顔で話すお母さんにお会いしました。隣にいる小学生の女の子は、少し恥ずかしそうにしながらも、どこか誇らしげな表情です。今日は、そんなお姉ちゃんへの感謝デー。妹をお父さんに預け、二人きりでゆっくりお出かけなのだそうです。女の子は、

「お母さんたらね、『妹たちが結婚する時は、私も半分くらいこの子を育てましたって、胸を張って言ってもいいわよ』なんて言うの……」

と、笑顔でそっと耳打ちしてくれました。

「人の役に立つ喜び」が子どもの心に育まれているお母さんのふれあいに、幸せをおすそ分けしてもらえたような気持ちになりました。

「世のため、人のためになる大人になりなさい」――昔前の親は、何かにつけてこう子どもに言い聞かせながら育てたものです。いつの世も、親はわが子の幸せを心から願うものですが、人から大切にされるだけが人の幸せではありません。一人前の人間として人の役に立つ喜びを味わいながら、誇りを持って生きていける人に育ちますようにと、そんな深い思いのこめられた言葉であろうと思います。

残念なことに、現代では「将来、良い暮らしができるように」と子どもに勉強ばかりさせようとする親や、「自分でやったほうが早いし、子どもに一から家事を教えるのは面倒」と、子どもに手伝いをほとんどさせない親も多いようです。しかし、いくら学校に行って知識を身につけても、それを人や社会のために役立てようという意欲がなければ、その知識は無用の長物になりかねません。

この世は持ちつ持たれつ。社会で生きていくための基本的な資質として、人の役に立つ喜びを教えるのに、家でのお手伝いを良いきっかけにしたいものです。それが長じて、勤労意欲へと結びついていくのです。お母さん方には、ぜひそのことを心にとめて、子どもにお手伝いをとおしてやる気を引き出す努力や工夫をするよう心がけてほしいものです。

いずれ社会に出ていく子どもは「未来社会からの留学生」。親は、大切な留学生を社会から預かり、将来、自分なりの役割を担って生きていける社会人として育てあげる責任があります。「自分を大切にする」という自己肯定感を育てるために、愛情をかけ、気持ちを受けとめることも必要です。しかし、それと同時に「自分のことは後にして、他人のために役立つ」ことを家庭での体験によって学ばせることを忘れてはならないのです。

## 遊びのなかで学ぶこと

もう一つ、お手伝いと同時に大切なのが、遊びです。子どもは、遊びのなかで、学校の先生も親も教えてあげられないものを自分の力で身につけていくのです。

友達と遊ぶ時、自分の好き勝手なことばかりしていては仲間からつまはじきにされます。そうした体験によって、順番をゆずり合う、辛抱強く待つことなどを子どもは学びます。これこそ、社会で他の人々と一緒に生活するための協調性を身につける貴重な勉強です。

あるお母さんが、子どもの友達関係で悩んで相談をしてこられました。何でも、お友達でちょっと意地悪な子がいて、どちらかというとおっとりして気の弱いわが子は振り回されてばかり。できれば、その子とあまり遊ばせたくないと悩んでおられるとのこと。

しかし、よく考えてみてください。このお母さんが、「Aちゃんは意地悪だから、遊ばないようにしなさい」「やさしいBちゃんとだけ遊べばいいのよ」と、大人の意見を押しつけることが、本当にその子のためになるでしょうか。社会には、素直でやさしい人ばかりがいるわけではありません。そうした社会で生き抜くには、たくましさも必要です。ですから、親はこうした機会に、強さを養うようなふれあいをすることが大切です。

子どもがつらそうにしている姿を見るのは親として切ないものですが、「友達を選べ」と言うのではなく、「だれに対しても良いお友達になれるあなたになろうね」と、勇気を持ってわが子を「子どもの社会」へと送り出せる親であってこそ、子どもの心を強くするのです。

このお子さんが勇気を出して意地悪をする子に自分の気持ちを伝えてわかりあえたなら、それは、わが子だけでなく、相手のお子さんにとっても、貴重な学びとなることでしょう。

どの子も皆、社会の子、「未来社会からの留学生」です。子どもが少しずつ社会へ出ていくと共に、親もわが子だけの親から社会の親だという広い視野を持つようになりたいものです。そうした親自身の成長する姿が、ひいてはわが子の社会人としての心構えを育てるのです。

25

# 心身の急激な成長に戸惑う「人生第二の誕生期」

## ★思春期は、子どもから大人への関門

ここまで、主に幼児期と児童期の子どもの心理や発達、ふれあい方についてまとめてきましたが、ここからは中学生や高校生のいわゆる思春期についてふれていきましょう。なぜならば、最初に述べたとおり、この時期は子どもが大人に成長するための大きな関門だからです。

私たちは日頃、相談活動を行うなかで、思春期の子どもを持つお母さん方から様々な悩みをうかがいます。非常に深刻な問題も多く、この時期の子どもの心の危うさがうかがえます。

思春期の子どもたちの心と身体は急激に発達し、まさに大人になるために数々の試練をこなしている最中です。同時に、この時期は親にとっても大きな関門といえます。それは、この時期の子どもの発達は、家族や周囲の人間を大きく巻きこんで移り変わっていくからです。特に、親子関係は目に見えて大きく変化します。そのため、親の悩みも深く、また子どもは親のちょっとした一言に傷つき、親子の断絶を招くことすらあります。ですから、親のほうにも相応の心構えが必要です。では、まずは思春期の入り口であり、「人生第二の誕生期」ともいわれる中学生期の子どもの心身の発達について、考えていきましょう。

## ★第三反抗期の始まり——親から自立したい思い

中学生の子どもたちは、身体と同時に心も大きく成長します。いよいよ「人生第二の誕生期」を迎え、人間として、精神的に真の人間らしさを確立する時期になったのです。

この時期にさしかかった子どもを持つお母さんがよく口にする悩みが、「ちょっとしたことでイライラして、すぐ反抗的な態度になって……」というものです。小学生までは、その日のできごとを自分から親に話してきた子が、中学生になると親がうっとうしいという態度を遠慮なく見せるようになるのです。時には、親のちょっとした口調をとらえて過剰なほどの反応を示して反発もします。いわゆる第三反抗期の始まりです。この反抗的な言動は、児童後期に芽生えた「自分自身の見方、考え方をしたい。そして、その考えに従って行動したい」という欲求が、さらに育った証拠です。また、この時期は精神的離乳期とも呼ばれ、逆にこのころに何でも素直に親の言いなりになる子どものほうが、かえって心配です。

子どもが親から独立したくなるのは、彼らの心の中に「理想我」というものが目覚めてきたからです。この「理想我」には、三つの特徴があります。

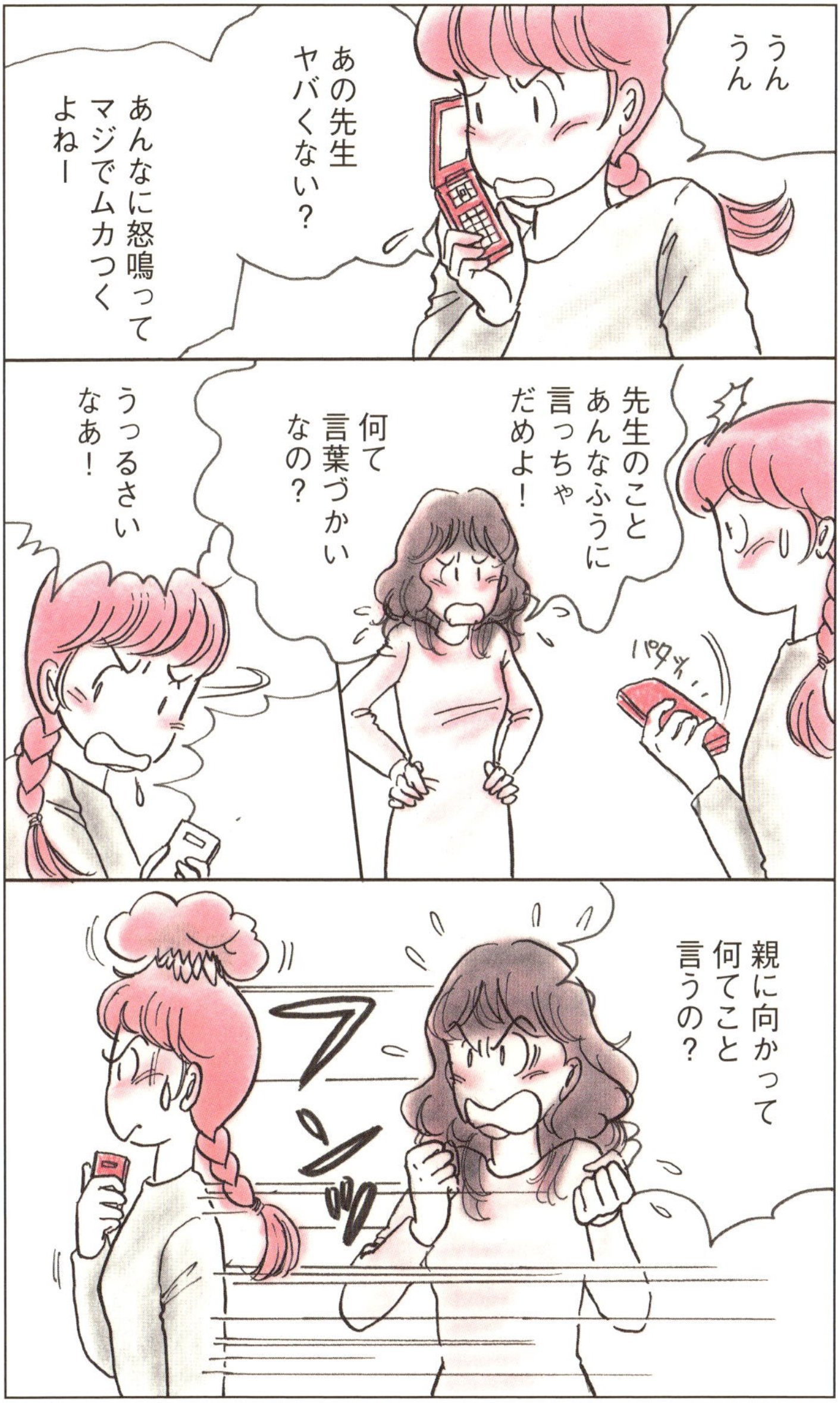
うん
うん
あの先生
ヤバくない？
あんなに怒鳴って
マジでムカつく
よねー
先生のこと
あんなふうに
言っちゃ
だめよ！
何て
言葉づかい
なの？
うっるさい
なあ！
パタッ…
親に向かって
何てこと
言うの？
フンッ

① **「考える我」**：だれの考えにも縛られず、自分自身の目で物事を見て、自分自身の頭で考えてみたい、という欲求

② **「創作する我」**：詩情豊かになり、芸術的、宗教的情操が表れる。

（例）精神の発達と雨の降る様子のとらえ方の変化

「雨が降っている」（見た事実そのままを理解する）
↓
「雨は降るものだ」（普遍的な事実の理解）
↓
「雨が降るから草木が育つ」（必然論的な考え方・児童前期頃）
↓
「草木を育てんがために雨が降る」（目的論的な考え方・児童後期頃）
↓
「しとしとと降る雨はわが心をなぐさめ……」

（詩情豊かに雨に心を映す情操の芽生え・中高校生期）

**③「理想に憧れる我」**：自分が置かれている現実よりも、さらに良く、より理想的なものに憧れ、近づきたいという欲求。自分なりの理想をとても大切にする。

「理想我」が芽生えた子どもにとって、子ども扱いされることはがまんならないことです。ですから、簡単に親の言いなりにはなりません。親が自分の経験や大人の権威を振りかざして意見を押しつけると、徹底的に反発し、抗います。それが親の目には反抗的な態度に映るのです。

この時期、親は子どもなりの判断をできるだけ尊重しましょう。親からの働きかけは、必要な情報を提供したり少しアドバイスをしたりする程度にとどめ、あとは少し離れて静かに見守ることが、この時期のふれあい方のポイントです。

この時に大切なことは、「あなたが本当に困ったときには、いつでも手をさしのべる気持ちがある」ということを、折にふれてさりげなく伝えておくことです。親が温かく見守ってくれていると感じられると、子どもの心に安心感がわきます。その安心感が、思春期の心の不安定さを支え、親子の心をつなぐ絆となるのです。

★25

さっきは頭ごなしに怒ってごめんね
先生と何かあったの？
美術の片づけ頼まれて遅れたのにいきなり怒鳴られたんだよ〜
そっか……
いくら先生でも納得がいかなかったのね
お母さんこそ事情も知らずにごめんね
友達に話してスッキリしたしもう大丈夫
ありがと

## ★ホルモンの変化に翻弄される子どもたち

中学生期の子どもの発達は、身体の成長を抜きに考えることはできません。第二次性徴を迎えた子どもたちは、男の子は男らしく、女の子は女らしい体つきになり、幼かった子ども時代に別れを告げて、いよいよ青年期の入り口に立とうとしています。

児童期は、充実期と呼ばれる調和の取れた安定した発育期でしたが、この時期になると筋肉や骨格が急激に大人へと成長します。ところが内臓器官の発達がそれに伴わず、肉体的な抵抗力も弱ってきます。ホルモンのバランスも大きく変わる時期でもあります。いわば、体の中で新しい勢力のホルモンが暴れ出しているようなもので、そのためにこれまでとは違う身体の感覚を覚えたり、一時的に運動動作がぎこちなくなったりして、とても疲れやすいのです。

こうした身体の急激な成長は、子どもの心にも大きな影響を及ぼします。この時期の子どもたちの反抗的な言動や不機嫌さは、こうした身体の急速な成長からくる疲れや、ホルモンバランスの影響を大きく受けています。そのことを親が心得ておいて、ちょっとした生意気な言葉や態度もおおらかに受けとめてあげることが大切です。

★25

コラコラ!!
ゴロ
う〜
ゴロ
お〜
あ〜
ダラダラしてばっかいないの！
ほら！シャキっとして！
グイッ
ん？

初めまして
私は
ホルモン
ですモン
きゃあ〜〜〜
今彼の体の中で
私たちが
激しく働いて
いるんですモン
ペコリ
子どもの体から
大人の体に
作りかえる
工事の真っ最中
なんですモン
まあ…
だから今の
彼は　いつもより
ずっと疲れやすい
んですモン
そうだった
のね……
休養をたっぷり
とらせて
あげてほしい
ですモン♪
うーん

★25

ポイント

「若者だから疲れない」のではなく、「若者だから、疲れやすい」ということを知っておこう

26

# 自立と依存を 行き来する中学生期

# ★親から離れながら親を求める

心も身体も大きな変化を遂げている時期ですから、子どもは日々、何度となく親に向かって生意気なことを言い、反抗し、親と一緒にいることさえも嫌うようになります。それが日常になると、親もつい「お母さんとなんか口もききたくないんでしょ。勝手にしなさい！」などと言いたくなります。

親としては本当に愛想をつかす気などないのですが、そうした何気ない親の一言が、子どもの心に突き刺さることがあります。というのは、この時期の子どもは、行動では親から離れていこうとしているものの、心の底では「お父さんやお母さんは、自分のことをどう見ているだろうか？」と親を求め、親の気持ちをキャッチしようと一生懸命だからです。もう一方の見方をすれば、自分自身に非常に強い関心が向いている、ということです。それだけに、「自分なりに考えたことは本当に正しいのだろうか？」「こんな自分でいいのだろうか？」という不安がとても強く、親に自分を認めてもらいたいと、強く望んでいるのです。

そうした気持ちと自立心がぶつかりあって、甘えたい、頼りたい気持ちが表現されないまま

★26

でずっとくすぶっているのが、中学生の子どもの心なのです。

また、この時期には、友達の影響を大きく受けるようになり、親が交友関係に口をはさもうとすると徹底して反発します。たとえ親との約束を破ってでも、仲間との関係を大切にしようとするのです。これは、「仲間から認められたい」と願う自尊心が芽生えはじめていて、必死で努力しているからです。この芽生えたばかりの自尊心はとても傷つきやすく、仲間とのせりあいにくじけ、がんばることに疲れることも多くあります。

ですから、普段の生意気な態度とは裏腹に、突然、親に甘えたり寄りかかったりもしてきます。そうした時は、親は甘えを受けとめてあげましょう。すると子どもは大きな安心感に包まれ、またがんばる力が出てくるものです。

また、一見して甘えとわかる素直な言動ではなく、ちょっと屈折した形で甘えたい気持ちを表現することもあります。ですから、親は子どもの言動をよく見て、そこに見えてくる心情を察し、時にそっと寄り添うような心配りをしてあげましょう。

スタメンを発表する
志村
……
ゴクッ
井上
以上！
……
あ
おかえりなさい

ズ
もう！
帰ってくるなり
何なの？
ドン
チラッ…
……

★
26

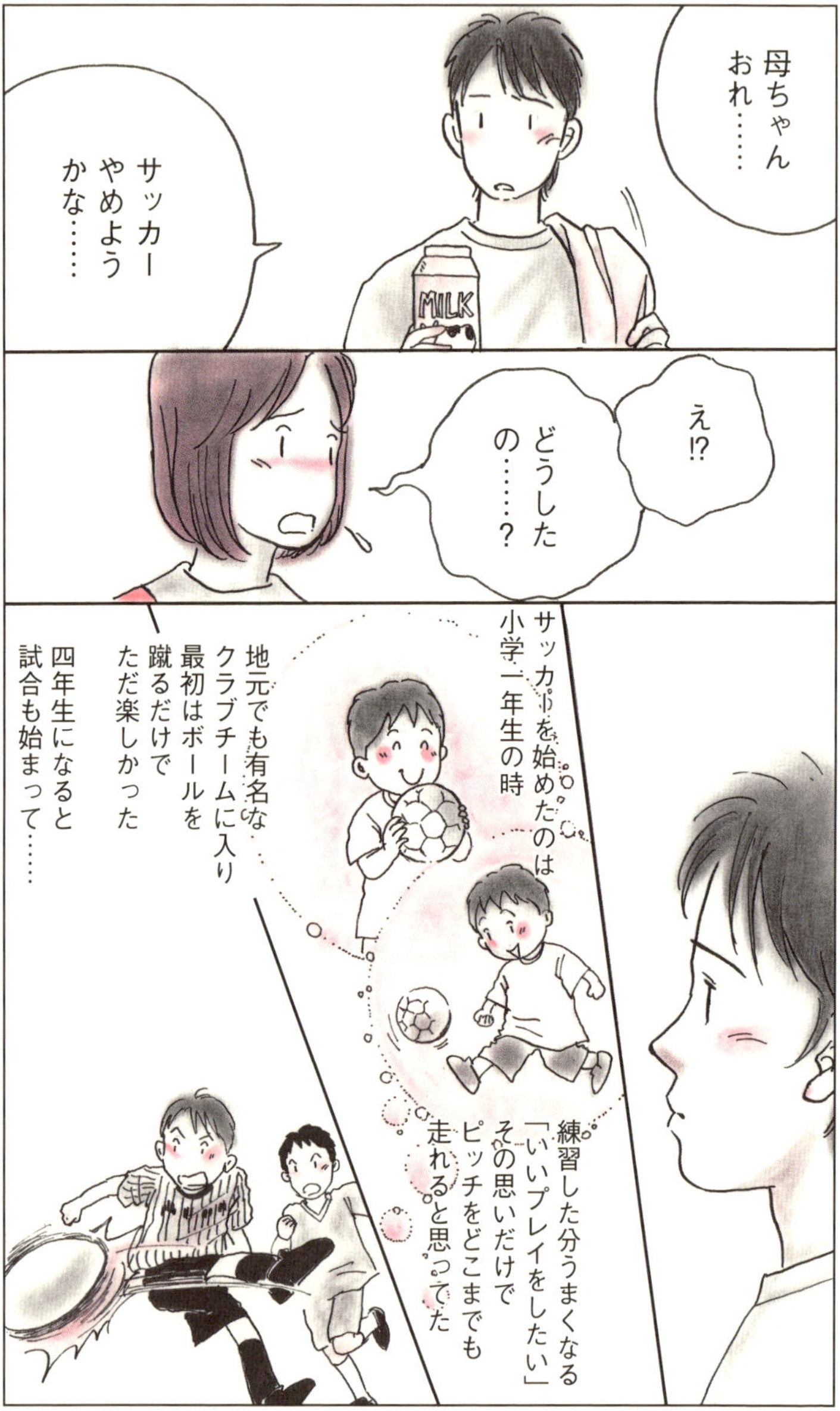

母ちゃん
おれ……
サッカー
やめよう
かな……
え⁉
どうした
の……？
サッカーを始めたのは
小学一年生の時
地元でも有名な
クラブチームに入り
最初はボールを
蹴るだけで
ただ楽しかった
四年生になると
試合も始まって……
練習した分うまくなる
「いいプレイをしたい」
その思いだけで
ピッチをどこまでも
走れると思ってた
MILK

中学生になると明らかに力の伸びるやつが出てきた
肩幅が広くなるやつプレイのキレが変わったやつ
それでも努力は必ず報われると信じたくてピッチを走り続けた
でも、さっき……
あのさ俺……
ずっと考えてたんだけど
この予選からマネージャー役に回ろうかな
えっ……!?
高浪それ本気《マジ》かよ!?
レギュラーも外れたしな
限界かなって……


★26

でもサッカーは
好きだし
やめたくない
何かの形で
関わって
いたいんだ
俺って
どっちかと
いうと
頭脳派じゃん？
エへへ…
戦略分析とか
結構好きだし
向いてると
思うんだ
俺
何も言え
なかったよ
一人で考えて
答えを出した
高浪に
俺は
何も……

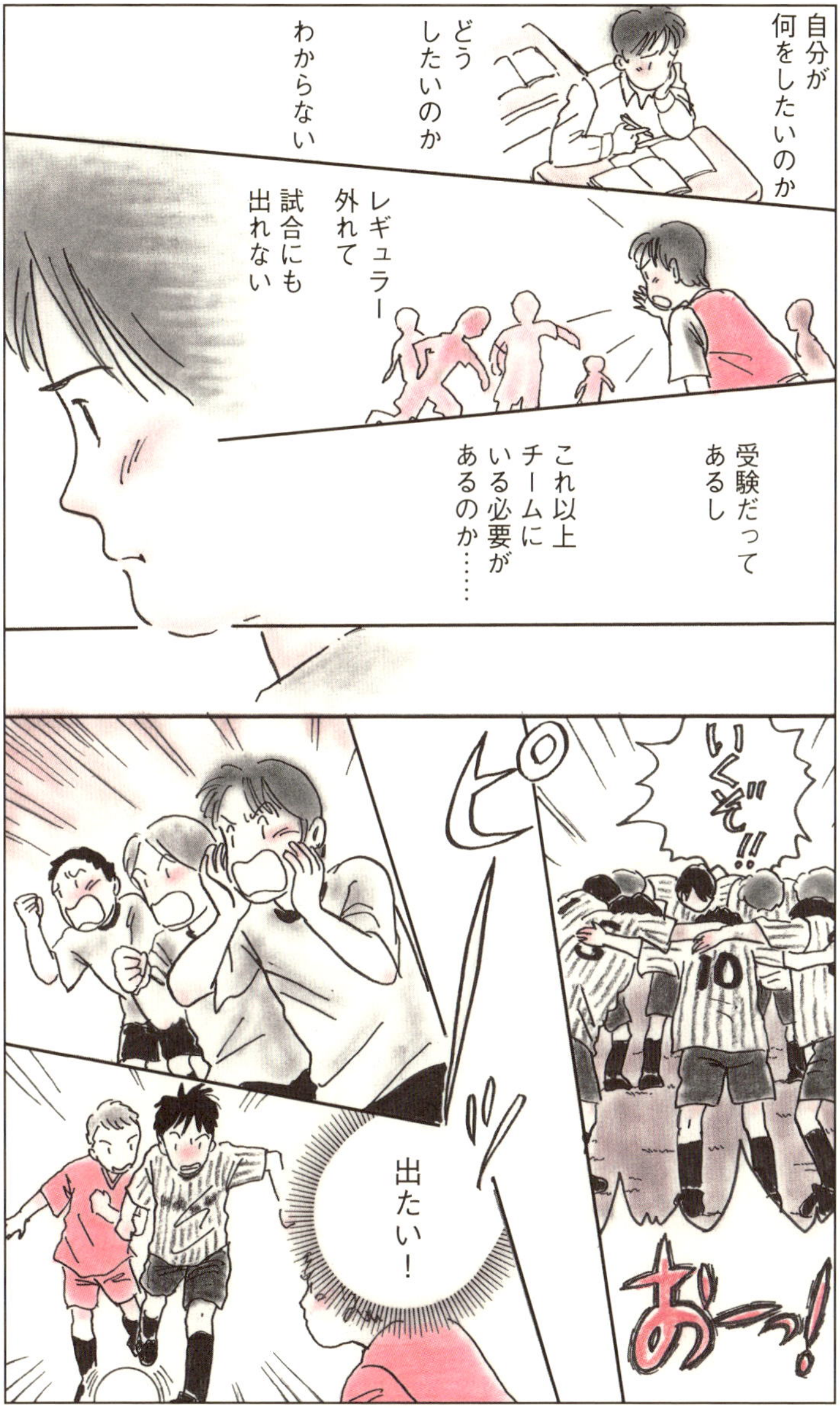

自分が
何をしたいのか
どう
したいのか
わからない
レギュラー
外れて
試合にも
出れない
受験だって
あるし
これ以上
チームに
いる必要が
あるのか……
ピッ
いくぞ!!
おーっ!
出たい!


★
26

ピッチに立ちたい！
俺に行かせてくれ！
俺に！
ザッ
ピ
あ……
俺の……

中学生最後のシーズンが終わって
くやしさだけが残った
ちょっと貴文！
おっやばっ……
またチームに顔出すの？
そろそろ受験勉強に本腰入れたら？
うっせえなぁ
三年生は行かなくていいんでしょ？
まだ志望校も決めてないのに
プイッ
……
まだ決められない
これからどうしようか
サッカーを続けようか……
それとも……

★26

貴文！いつも来てくれてありがとう！
余裕だな
三年生は受験の時期は来ないのが普通なのにな うれしいよ
ポン
最後の試合出してやれなかったけど
くさらずに後輩の面倒を見てくれてえらいな
いいえ……
そんなことないっスよ
お前、ちょっとプレイが変わってきたな
きっと高校生で伸びるぞ がんばれよ！
は、はいっ！

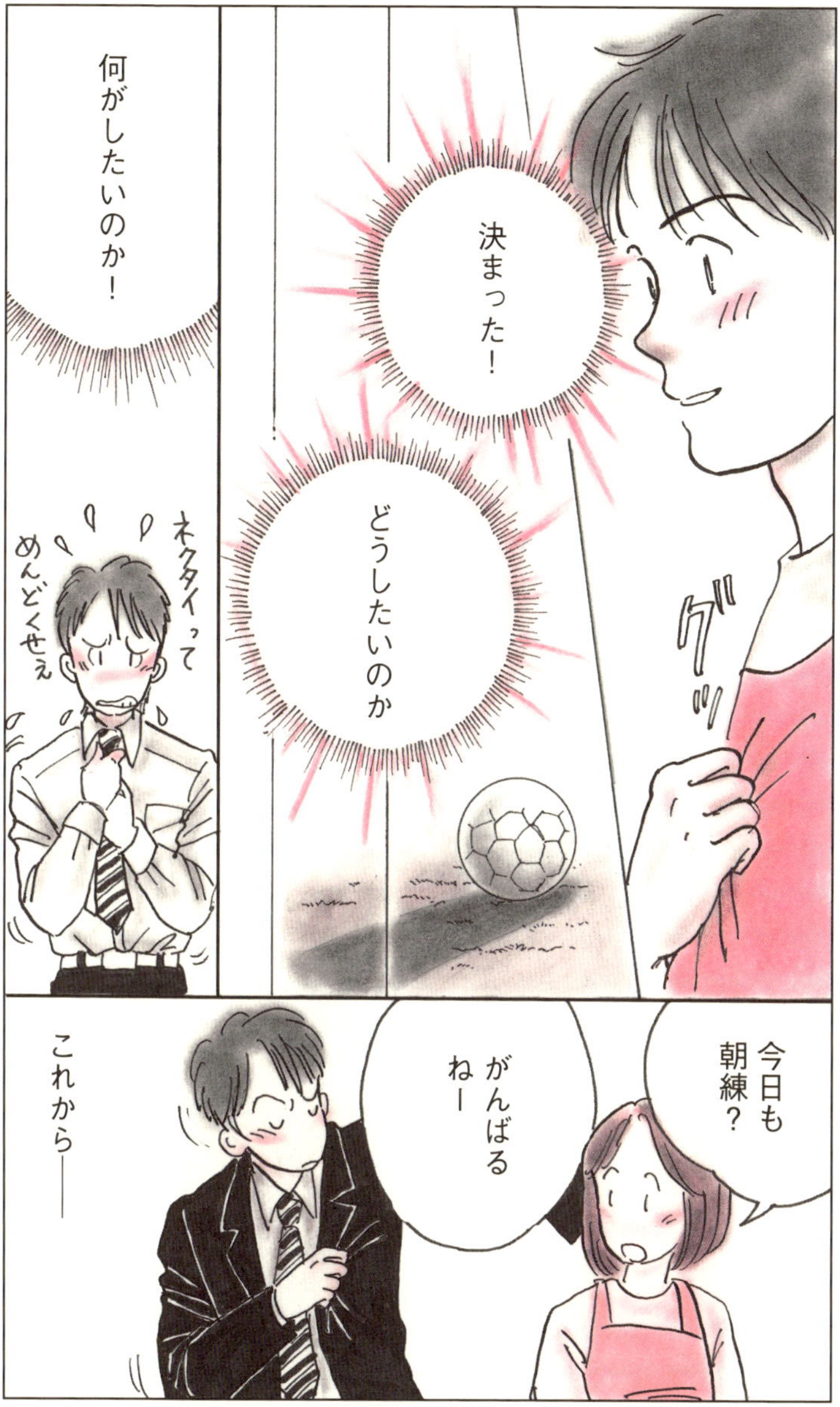

決まった!
グッ
どうしたいのか
何がしたいのか!
ネクタイって
めんどくせぇ
今日も朝練?
がんばるねー
これから——

★ 26

どうなるか
なんて
わからない
あ……
ただ
もう少し
このまま
走り続けたい
県のベスト4のチームだしね
うかうかしてられないよ
自分がどこまで
行けるのか
やれるところまで
やってみるよ
行ってらっしゃい
弁当
いつも
ありがとう

集団の中の自分を強く意識し、そこで過ごすことを大切にする中学生期の子どもたちは、そのなかでたくさんのつらい体験もします。いくら努力しても報われない切なさを味わったり、納得できないことを押しつけられて悶々と悩んだり、信頼を裏切られて傷ついたりするのです。そうした様子を見ると、親はついもどかしくて手出し、口出しをしたくなります。

しかし、そんな時、努力の大切さを説いても、現実をつきつけても、子どもは心を閉ざすばかりでしょう。子どもは、親が言いたいことはきっとわかったうえで悩んでいるのです。そう思うと、この時期の親にできることは、子どもが悩む様子を黙って見守ることだけです。「きっと自分で納得のいく答えを出して、また必ず歩みだす」と信じて、静かに寄り添うことです。

そうした親の忍耐強い温かな見守りのなかで、子どもは「信頼されている自分」を感じ、「信頼に足る自分」になろうという勇気を得ます。その勇気を糧《かて》として、時に転びながらもまた立ち上がり、人生を自分の力で歩むことを学んでいくのです。

ポイント

★26

子ども自身が答えを出すことを信じて、黙って寄り添って、見守る。心にくすぶる不安や甘えは、さりげなく受けとめてあげよう。

27

# 理想を追求して、大人を批判する高校生期

まったく
正当化してばかりでいやにな
分の間違いは潔く認めるべきだっ
もうるさく言うくせに、自分はそれを
もしないで、子どもには強制するって
うのか？　まったく、自分のことはいつ
って棚上げにしている、その神経が理解で
きないよ！　しかも、いつだって二言目に
は「お前のため、お前のため」っていいな
がら、結局は父さんも母さんも自分の理想
を押しつけてばかりじゃないか。俺の気持
ちなんて、ちっとも考えてくれてないだろ
違うって言うなら、じゃあ俺の気持ちが
ってるって言うのか？　だいたいね
は父さんや母さんのコピー人
りたかないんだ。立派な
言ってくださ

## ★経験不足だから視野が狭い

高校生期には、心身の成長がほぼ完成の段階に近づきつつあります。第二次性徴も含めた身体面の成長はもちろん、精神的な面でも、思考力や推理力などはほとんど大人と同じ域に達しています。ただ一つ、大人との大きな違いは、経験が足りないことです。そのために、広い視野で物事を考えられず、理想と現実の折り合いをつけることが難しいのです。理想を掲げてまさに猪突猛進、親から見ると無謀に見えることもあります。

高校二年生の雄哉くんは、レストランでのアルバイトをしているうちに、料理人になる夢を持つようになりました。店のシェフにも「筋もいいし、何より努力できるのがいい。やる気があるなら、一から仕込んでやるぞ」と言ってもらえるようになっていました。そして、三年生を間近に控え、進路の希望を聞かれたのをきっかけに、雄哉くんは「学校を辞めて、料理の修業をしたい」と言いだしたのです。

それを聞いた親は、「今どき、高校も出ていないなんて、将来苦労する。あと一年くらい、我慢できないのか」と言って説得しましたが、雄哉くんの態度は硬くなるばかり。「夢を持て、一生懸命努力しろと言ってたくせに、いざとなるとそういうことしか言わないのか」と、親の態度を批判し、話し合いはいつも平行線をたどり、しまいには親と顔を合わせても口をきかなくなってしまいました。

このように、親は、子どもの未熟な言動にハラハラし、子どもの気持ちをくむよりも先に、つい大人の考えで口出しをしてしまいがちです。しかし、その思いはなかなか子どもには届かないばかりか、反発を強めてしまうことにもなりかねません。こうしたことを繰り返すと、親子の断絶につながる場合すらあります。

それは、彼らの視野はまだ狭いために、自分の考えや判断を過信する傾向があるからです。これを無中間の論理といって、白でなければ黒、善でなければ悪、とすべてを対立的に割り切って、中間的な存在を認めない場合が多いのです。そのため、何かと子どもの言動をいさめようとする親や大人に強い不満を抱きます。

## ★親を批判する

中学生期の反抗は、親の一方的な指示や命令、子ども扱いを自分の人格否定だと感じ、それに徹底的に対抗する「否定的反抗」でした。高校生期では、そこに親の生活態度や考え方を批判する「批判的反抗」が加わります。

一般的に、この時期の子どもが持つ親や大人への不満は、次のようなものがあげられます。

①「何でもうるさく口出しする（過剰干渉）」
②「考え方を押しつける」
③「自分の気持ちや考えをわかってくれない」
④「考え方が古くて頭がかたい」
⑤「いつまでも子ども扱いする」
⑥「勉強のことばかり言う」
⑦「友達づきあいにまで口出しする」
⑧「言うこととやることが一致しない」

彼らは両親だけでなく大人社会全般の考え方について、鋭く批判します。その指摘は、次の三つの点に絞られるようです。

★27

①「**大人は妥協的**」――「自分自身をごまかして話を丸くおさめようとする。偽善的で納得がいかない」

②「**大人の考え方は因習的**」――「時代は変わっているのに、大人は古いしきたりにこだわりすぎる」

③「**大人の考えは通俗的**」――「大人が考えることは、当たり前のことばかり。事なかれ主義で理想すら持たない。親はしょせん建前しか言わない」

自分の理想がいくら正しくても、相手に理解してもらわないと意味がないことや、立場や価値観が違えば正しさの基準も異なるということを、大人は経験から学んでいます。ですから、互いに理解しあって、最も良い方法を導き出そうとします。そのためには、自分の意見をおさめて妥協することもありますし、じっくりと時を待つことの大切さも、体験しています。このような全体の調和を考える大人の考え方は、確かにありふれたものになりがちです。

しかし、このように答えを導き出す大人の心理の動きは、経験の少ない彼らには理解しがたいのです。そこで、「大人は理想を持っていない」と単純に決めつけ、「そんないいかげんな生き方をしている親に、好き勝手を言われたくない」と批判しつつ反抗してくるのです。

こうした高校生期の批判的反抗の裏には強い自尊心が潜んでいることを忘れてはなりません。「自分の生き方を自分で決めたい」という自治を求める気持ちが高まってきているのです。これは、たとえば派手な服装をしてみるのも、その一つの表れです。先にあげた雄哉くんの、こうと決めた理想に向かって突き進もうとする性急さも、こうした精神の発達からくるものです。大人から見たら眉をしかめてしまうようなことであっても、子どもたちにとっては「人に認めてもらいたい」「自分の個性を大切にしたい」という思いからくるのです。

そうした時に、何がなんでも親の考えのほうに引っ張り込もうとしたら、そういう親の態度に子どもは見切りをつけて激しく反抗し、話し合いすらままならないようになるでしょう。まずは、子どもの考えたことを認め、尊重するところから、親子の歩み寄りが始まるのではないでしょうか。

★27

28

# 大人と認めて話し合おう

## ──自尊心を尊重する高校生期のふれあい

## ★自尊心をつぶさずに、粘り強く話し合う

自分の理想を掲げ、押し通そうとするこの時期の子どもにとって、頭ごなしにその考えをつぶされることほど、我慢ならないことはありません。そうなると、親を徹底的に批判しつつ、反抗します。

批判される親も大変な思いをしますが、実は批判する子どものほうも大変な思いをしているのです。そんな時、親のほうから感情的にならず、率直に話し合おうとする姿勢を見せることが、信頼関係を築く第一歩。そうでなくては、話し合いにはなりません。話し合いとは、互いに信頼しあい、相手の考えを認めあったうえで、初めて成り立つものなのです。

そのためには、まずはじっくりと子どもの言い分を聞いてやることが大切です。大人と子どもの差は、様々な体験をしているかどうかに尽きます。体験していないことはわからないのですから、大人の体験を盾にして決めつけたようなものの言い方をするのでは、子どもは決して心を開いてはくれません。

★28

## ★感情と論理を分ける

もう一つ、この時期の子どもと話し合う際に、知っておくべき点があります。

自尊心が強く自我の強い高校生は、よく論理的に意見を主張します。それは一見筋が通っているように見えるのですが、その論理の裏には強い感情が働いています。そして、その感情に支配されて理屈をこねまわしている傾向があります。これを「感情論理」といいます。

ですから、たとえば自分の意見に反対されたりすると、非常に感情的な反発が先に立ち、たとえ相手の意見のほうに理があっても決して聞き入れません。むしろ、負け惜しみが強くて協調性がないため、より強く反論してきます。また、自分がいやだと思うと、それに理屈をつけて真っ向から主張してきます。他の意見を受け入れるゆとりは、まったくないと言ってもいいでしょう。

ですから、そうした時には、まず感情と論理を分けて考えられるようにふれあうことが大切です。そうしない限り、彼らは納得できないのです。

感情と論理を分けるには、まず、理論的な彼らの言い分をじゅうぶんに聞き、その考えに敬意を表すことです。そして、その論理の裏にある思いを温かく受けとめて共感していくとよいのです。この感情の部分を受けとめてもらえると、彼らの心は満足し、本当に心を開いて大人の言葉にも耳を傾けるようになります。

ですから、親が自分の経験や知識だけで頭ごなしに彼らの考えを否定しても意味がありません。むしろ、そうした思考力の成長を認めて喜び、人格を尊重して彼らの立場に理解を示すことで、本当の信頼関係が築けるようになるのです。

## ★「かけがえのない自分」に気づかせる

良枝さんは、高校二年生になってしばらくしたころから、家の中でしじゅう不機嫌そうな顔をするようになりました。学校から帰宅するなり、「ただいま」も言わず、仏頂面のままドン、ドン、と大きな足音をたてて二階に上がり、自分の部屋に向かいます。すると、バン！　と部屋のドアを閉め、ドサッとたたきつけるように荷物を置く勇ましいほどの音が聞こえてくるのです。たまに階下に降りてきた良枝さんに話しかけても、つっけんどんな返事しか返ってこず、笑顔もちっとも見られない日が続きました。

そうした日々が二週間以上続いたある日、お母さんは良枝さんのお弁当の包みに一枚の手紙を入れました。それは、

「この頃あなたはとてもイライラしているようですね。何かあったのでしょうか。あなたの苦しい顔を見ていると、私の胸も苦しくなります。何かあったら、教えてください」

という、とても短い手紙でした。

その夜、台所にそっと返されていたお弁当包みには、良枝さんからの短い返事が入っていました。

「心配して見ていてくれて、ありがとう」

その、たった一言だけの返事。それでもお母さんは、自分の気持ちをわが子が受けとめてくれたことをとてもうれしく思い、それからも静かに見守り続けたそうです。

その後、しばらくして良枝さんの様子はしだいにまた元のように明るくなってきたそうです。結局、何が原因だったのかはお母さんにはわからなかったのですが、お母さんが、何かに悩む良枝さんをそのまま受けとめていることが、しっかりと伝わったということなのでしょう。

中学生期から高校生期にかけて表れる反抗期は、子どもがかけがえのない自分だけの光を放

って輝こうとしていることの表れです。だれでもない、自分自身が人生の主役となって社会に羽ばたき、自分のいのちを精一杯に役立てて生きようとする意欲が、芽ばえているのです。

思春期は、子どもが一人の大人として生きていくための準備をする、大きな関門です。子どもが社会へと巣立つ力を身につけるために、乗り越えなければならない試練です。そうした大切な時期だからこそ、親は意識して、子どもに「あなたは他のだれにもかわることのできない、かけがえのない存在。ありのままのあなたでいい」という自己肯定感を高めるふれあいを心がけてほしいのです。これまでにも繰り返しお伝えしてきたように、この自己肯定感こそが、人が生きるうえで、自らのいのちを輝かせて生きるために最も大切な基盤となるからです。

親から贈られた「あなたは他のだれにもかわることのできない、かけがえのない存在。ありのままのあなたでいい」というメッセージは、子どもの心に尽きることのないエネルギーをわき起こさせます。いよいよ親の手を離れる子どもへのエールとして、この揺るぎない自己肯定感を伝えることが、親の大切な役目なのです。

★28

【結びにかえて】

## 心の玉結びをたくさん

先日、バリデーション療法という、認知症のお年寄りとのコミュニケーション術について学ぶ機会を得ました。そこで見た一つの映像が、強く心に残っています。

その映像は、認知症になり、娘に引き取られて暮らす一人のおばあさんの日々を記録したものでした。おばあさんには、夕方になると「家に帰りたい」と言って外に出ていこうとする、いわゆる徘徊と呼ばれる症状が出ていました。

実はそのお母さんは、幼くして奉公に出され、つらいことがあっても家に帰ることなどできない境遇で育ってこられたのだそうです。

「家に帰りたい。お母さんの胸に飛び込み、つらいこと、悲しいことを全部吐き出して、涙をふいてもらいたい」

そんな思いをずっと心の奥底にしまってこられたのでしょう。成長して自分の家庭を持ち、子どもたちを立派に育てあげ、老いてもそばに娘がいてくれるその後半生は、じゅうぶんに幸せなものだったことでしょう。しかし、

「お母さんの待つ家に帰りたい」

というかなえられなかった思いは消えることなく、人生の最後の場面を迎えて心からあふれ出したのです。

バリデーション療法は、認知症の人の「経験や感情を認め、共感し、力づける」というコミュニケーション方法です。認知症の方の問題行動を「その方の人生にとって大きな意味を持つこと」ととらえ、その人生に照らし合わせて、秘められた思いに寄り添うものです。

娘さんは、お母さんを引き取って以来、夕方の忙しい時間に「家に帰る」と言い出すお母さんに手を焼いておられました。「あなたの家はここよ」「私はあなたの娘でしょう。娘の家で暮らしてるのよ」と引き止めては、毎日ひと騒動だったそうです。しかし、バリデーション療法を学ぶなか、ある時、娘さんはお母さんの幼いころの苦労や思いを知り、涙したそうです。

「家に帰りたいのね。もう夕方だものね。じゃあ、そこまで送っていきましょう」

映像のなか、お母さんの気持ちをていねいに受けとめ、寄り添っておられた娘さん。二人で近所を一回りし、気持ちを落ち着かせてから帰るという日課を繰り返していると、時折、お母

さんは「ああ、家に着いた」という安堵の言葉をもらすこともあるそうです。

「そんな時、やっと母の長年の思いが少しはかなえられたのかなと思うんです」

そう語る娘さんの表情は、慈母そのものでした。

このビデオを見た時、私は裁縫の玉止めを思い出しました。子どものころにかなえられなかった思いは、まるで玉止めのされていない糸のようだと。

玉止めのされていない糸は、いくら精をこめて縫い進めても、少し引っ張るとほろほろと縫い目がこぼれ落ち、布からすり抜けてしまいます。それと同じように、子どもが悲しい思いやつらい思いをした時、しっかり抱えとる温かな手がなければ、その思いは玉止めのされなかった糸のように、心の中に落ち着く場所を見つけられずにさまよい続けます。

私たちが長年にわたって全国のお母さん方に届け続けてきた家庭教育は、子どもの心にわき起こる思いに、一つ一つていねいに玉止めをしていくための学びです。子どもの心がほつれないように、喜びも悲しみも母の手でしっかり縫いとめるのです。それは、人が生きるうえで最も大切な自己肯定感――「私はありのままで愛される存在である」という安心感をこぼさず蓄えておくために、なくてはならない防波堤です。

このおばあさんのように、長い時間を経てようやく思いの還る場所を得ることもあるでしょう。でも、できることなら、その思いが受けとめられるのは早いにこしたことはありません。

そして、子どもの思いを一つ受けとめるたび、親は人としての器を大きくしてもらっているのです。

私たちは、人生の途上で、時に大きな悲しみや苦しみに見舞われます。たとえ大きな波風のない平穏無事な人生を過ごしてきた人にも、やがて必ず近しい人との別れや自身の老いが訪れます。この避けられない苦に直面した時、人はまさにその度量を試されるともいえましょう。

縁あって子どもを授かり、子育てという大きな仕事に取り組むことができる人は幸いです。わが子といえど決して思いのままにならぬ現実を、日々受けとめていくという、生きた学びを授けてくれるからです。

私たちがお伝えし続けてきた「子どもに学ぶ」という理念は、子育てをとおして、まさに親である自分が人として大きく成長させていただくということ、そのことにほかなりません。一組でも多くの親子が、この「子どもに学ぶ家庭教育」との出会いをとおして、幸せな親子の時間を紡いでいってくださることを、心より願っております。

東京家庭教育研究所所長
丸山貴代

**東京家庭教育研究所**
昭和 50 年、故・小林謙策によって発足。「親が変われば子供が変わる」という家庭教育の原理のもとに、時代に即した家庭教育の研究開発、公開講座、講演会や研修会への講師派遣、教育相談を主に行っている。

連絡先
〒166-0012　東京都杉並区和田 1-5-12
TEL（03）-3381-0705／FAX（03）-3381-0723
（電話による教育相談は月曜から土曜日までの午前 10 時〜午後 3 時。
上記の電話にて受け付けます。面談の場合は予約が必要になります）

**だいじょうぶ！　気づいた時が出発点**

2012 年 8 月 30 日 初版第 1 刷発行
2018 年 8 月 10 日 初版第 4 刷発行

Kosei shuppan

編　者　東京家庭教育研究所
発行者　水野博文
発行所　株式会社佼成出版社
〒166-8535 東京都杉並区和田 2-7-1
電話（03）5385-2317（編集）
（03）5385-2323（販売）
URL　https://www.kosei-shuppan.co.jp/

装　丁　芝山雅彦（スパイス）
カバーイラスト　すみもとななみ
本文レイアウト・DTP　キャップス
印刷所　錦明印刷株式会社
製本所　株式会社若林製本工場


ISBN978-4-333-02556-5 C0037